WOMEN PLOT

Sharing Inspiring Women Stories

MA È UNA ROBA DA FEMMINE?

Una guida per capire un paio di cose

Giulia Mauri

WOMEN PLOT

hello@womenplot.com

Prima edizione in "Emerging" maggio 2022
ISBN: 9791280593290

Illustrazioni: Maria Sole Costanzo

Il catalogo completo delle edizioni Women Plot può
essere trovato al sito www.womenplot.com

Ma è una roba da femmine?

PARTE 1
PRESENTIAMOCI

Storia di un fallimento

Vorrei iniziare questo libro con una storia struggente, con un'avventura mozzafiato o con qualcosa di esaltante che mi faccia apparire una persona formidabile. Invece parte tutto da un preciso momento: ero alle scuole medie, avevo cinquanta occhi puntati addosso, non sapevo che pesci pigliare ed ero pure l'insegnante.

Insegnavo in una terza media in cui i maschi e le femmine erano piuttosto divisi tra di loro. All'intervallo i ragazzi giocavano a rincorrersi o calciavano dei mini palloni forgiati dalla carta stagnola mentre le ragazze se ne stavano in cerchio a parlare. I due universi si guardavano da lontano e non solo non interagivano tra di loro, ma non potevano proprio vedersi. Un giorno il malessere è esploso in classe e mi sono sentita dire che "i professori fanno le preferenze perché sgridano di più i maschi delle femmine, che alle femmine nessuno dice mai niente, che se succede qualcosa, è sempre colpa dei maschi". D'altro canto c'è anche qualcuno che ha ribattuto dicendo che "i maschi disturbano, sono rumorosi, lanciano le penne e forse non si lavano". A un certo punto una voce si è levata dal fondo della classe: «Lei cosa ne pensa?»

Mi è tremato il terreno sotto i piedi. «Ora si accorgono che gli adulti non sanno risolvere nessun problema» ho pensato. Poi ho fatto un respiro; tanto valeva provare a dire qualcosa di sensato.

Sono molto interessata alla parità di genere e al femminismo e avrei voluto spiegare a tutti e tutte come gli stereotipi di genere influenzano i loro comportamenti, ma sarebbe sembrato uno sproloquio molto teorico e poco pratico. Avrei dato l'impressione di una persona che si arrampica sui vetri e gli studenti e le studentesse sono troppo bravi a inventare scuse per non capire quando un adulto sta facendo lo stesso con loro. Lo scenario era terribile: c'erano maschi e femmine fortemente convinti e convinte delle loro differenze e ben poco desiderosi e desiderose di interagire.

Ricordo di aver preso tempo e di aver promesso un'ora in cui avremmo discusso di queste divergenze; credevo che una discussione avrebbe placato gli animi. Mi sbagliavo: è stata un'ora terribile in cui vedevo i maschi odiare le femmine perché erano troppo passive e le femmine guardare male i maschi perché erano troppo vivaci. Capivo quelle differenze, ma non sapevo come entrare in sintonia con dei tredicenni. No, non credo che bruciare il mio reggiseno davanti a tutti avrebbe sortito qualche effetto se non il mio licenziamento. "Dico loro che è colpa del patriarcato? Ma nemmeno sanno cos'è! Spiego che le bambine sono allevate per essere delle bamboline e per questo sono più tranquille dei coetanei maschi? Che spiegazione cretina! Punto il dito contro la mascolinità tossica che obbliga i ragazzi a essere sempre violenti?"

Ricordo lo sguardo di qualche studentessa che cercava in me delle soluzioni che in quel momento non sapevo dare.

Voglio essere sincera da subito. Non sono una di quelle insegnanti che fanno delle lezioni molto incisive e cambiano il mondo. Non so se esistano davvero persone così, ma io non sono una di loro. Semplicemente durante l'ora di educazione civica del giovedì io, i miei studenti e le mie studentesse di terza media abbiamo iniziato a chiacchierare sulla parità di genere.

Il libro vuole essere una guida per orientarsi tra i problemi legati alla disparità di genere. Questa è una riflessione nata tra i banchi di scuola con ragazzi e ragazze delle scuole medie, ma è utile anche alle persone più grandi. Alla fine una mano tesa o un buon ragionamento possono far comodo a chiunque, indipendentemente dall'età.

Non sporcarti, stai attenta e chiudi le gambe!

Prima di entrare nel vivo della discussione, provo a indovinare perché sei qui.

Forse sei una ragazza e, proprio ora che stai crescendo, ti sei accorta che c'è qualcosa che non va. Probabilmente sei una donna e sei stanca di dover faticare il doppio per essere considerata una persona di valore. Magari sei un'insegnante e hai notato che i maschi e le femmine sono ancora educati ed educate in modo differente e vorresti trovare una soluzione a questa disparità. Forse hai un figlio, una figlia, un nipote, una nipote e hai paura che il mondo distrugga la loro personalità sotto l'urto di rigidi modelli prestabiliti.

Il tu di questo libro è spesso declinato al femminile non perché la parità di genere sia una roba solo da femmine (anzi!), ma perché mi sono immaginata di fare una chiacchierata con una ragazza (di qualsiasi età) arrabbiata, delusa, stanca.

Probabilmente ti infastidisce che se ti dicono che "corri come una femminuccia", non ti stanno esattamente paragonando a Usain Bolt, anzi, ti stanno proprio offendendo. Quante volte ti è stato detto di non fare qualcosa perché non è "da femmine"? "Non sporcarti, stai attenta, non sudare, non gridare, non fare chiasso, siediti composta, chiudi le gambe!" Sei mai stata obbligata a vestirti in un certo modo perché "le femmine si vestono così"? Ti è mai stato impedito di fare qualcosa perché "è da maschio"? Non puoi iscriverti alla squadra di calcio, non puoi venire a un matrimonio con i pantaloni, non puoi tenere i capelli corti, non poi giocare con le macchinine, non puoi passare i pomeriggi a combattere con i bastoni. Perché ti chiedono tutti se giochi a pallavolo o fai danza? Ti è mai stato detto che i maschi sono più bravi in matematica? Ti hanno mai detto che devi essere gentile, silenziosa ed educata perché sei una femmina?

E poi, non ti sembra che anche i maschi spesso non se la passino benissimo? Dove sta scritto che se sei un ragazzo devi essere forte, muscoloso e risolvere ogni problema con due cazzotti? Perché se un maschio piange viene preso in giro? Perché se sei un ragazzo e non ti piace il calcio sei automaticamente emarginato? Perché se due maschi si picchiano, nessuno ci vede nulla di strano? Perché i bambini vengono cresciuti come dei cavalieri senza macchia e senza paura e le bambine come principessine frignone?

Facciamola breve: se stai leggendo questo libro hai capito che c'è un grosso problema. È come se nel mondo esistessero due modelli rigidissimi: se sei un maschio sei forte, violento, aggressivo, mentre se sei una femmina sei dolce, carina e silenziosa. Ma secondo te è possibile che una regoletta così semplice possa andare bene per 7 miliardi di persone? Sarebbe come chiedere a tutti gli esseri umani di avere come colore preferito o il rosso o il blu. Se questo modo di pensare ti va stretto, sei nel posto giusto.

E quindi cosa facciamo?

Sono cresciuta fermamente convinta che maschi e femmine siano uguali e probabilmente anche tu condividerai la mia opinione. Bene, le prossime pagine servono a dimostrarti che questa credenza è falsa. So che in questo momento sei convinta che sto dicendo una grande stupidaggine. È vero, starai pensando, che nel corso della storia le donne hanno avuto meno diritti degli uomini, ma negli ultimi due secoli la situazione è cambiata drasticamente. Infatti oggi noi donne possiamo votare, lavorare e addirittura indossare i pantaloni!

Eppure c'è qualcosa che non torna. Perché "sei una femminuccia" equivale a un insulto? Perché i giocattoli per femmine e per maschi sono diversi? Perché le scope giocattolo sono sempre pubblicizzate da bambine? Perché se un bambino gioca con le bambole viene ancora preso in giro? Perché una bambina vivace è vista come una persona da contenere e rieducare? Perché ci si aspetta sempre che una ragazza sia carina, silenziosa e composta? Perché di solito le ragazze hanno problemi di autostima? Perché si dice che le femmine non sono portate per la matematica? Perché le donne spesso devono scegliere tra i figli e la carriera e gli uomini no? Perché a parità di ore e mansioni lo stipendio di una donna è ancora inferiore a quello di un uomo in diversi paesi del mondo (sì, anche in Italia)? Perché il 32% della popolazione giustifica lo stupro in alcune circostanze[1]? Perché alcune donne che denunciano violenze domestiche non ricevono supporto?

Ogni anno un'associazione di nome World Economic Forum pubblica un rapporto sulla parità di genere. A quanto pare ci vorranno 135,6 anni per colmare le differenze di genere a livello globale, 145,5 per quelle politiche, 267,6 per quelle economiche e lavorative.

Il punto è che maschi e femmine *dovrebbero* essere uguali, ma non lo sono per nulla e prima lo capiamo, meglio è.

Forse ti starai chiedendo come non ti sia accorta di queste presunte differenze. Viviamo in un mondo che tratta le femmine in modo differente rispetto ai maschi, ma visto che siamo nate e cresciute in un ambiente simile, siamo abituate

---

1 *Perché il sesso senza consenso è stupro*, Amnesty International, 2019.

e non riusciamo renderci conto di tante discriminazioni che esistono. In questo modo è come se vivessimo in un mondo di ingiustizie e non fossimo in grado di vederle.

Viviamo in un mondo sessista (non solo, ma facciamo un passo per volta), ossia in un mondo che valuta una persona a partire dal suo sesso. Se non facciamo nulla e se rimaniamo zitte e zitti, diventeremo anche noi sessisti e sessiste. È necessario capire cosa non va nella vita di tutti i giorni e prendere una posizione. Se vogliamo essere persone antisessite, dobbiamo schieraci subito. Apri gli occhi, pensa, decidi, schierati, difendi. L'alternativa è quella di essere in automatico dalla parte del più forte che talvolta è anche il cattivo di turno.

Il primo obiettivo di questo libro è dunque quello di fornirti un paio di occhiali per saper vedere le ingiustizie e le discriminazioni legate al genere.

Il secondo obiettivo è un po' più ambizioso. Sai che molte bambine a partire dai sei anni si sentono meno intelligenti dei maschi[2]? Be', questo libro vuole evitare che tutto ciò accada. Vorrei che ogni bambina e ogni ragazza vivesse il suo presente in modo sereno e che non si sentisse mai le ali tarpate per il fatto di essere donna. Desidero che l'essere femmina non sia mai motivo di disagio, di derisione, di discriminazione.

---

2 I. Marañón, *Educare al femminismo. Come formare persone libere, sicure di sé e rispettose degli altri a prescindere dal sesso*, Salani, 2018.

Purtroppo so che tutto ciò ti succederà e allora mentre costruiamo insieme un mondo migliore, voglio che tu impari a difenderti dal marcio che ti arriverà addosso.

Nel libro ci sono diversi paragrafi nei quali vengono esaminati problemi legati al genere in cui ti potrai imbattere o ti sei già imbattuta. Parleremo di scuola, corpo e amore. Ci sono inoltre delle parti intitolate "cosa possiamo fare" in cui trovi una riflessione propositiva e a volte dei consigli pratici. Leggerai anche ragionamenti, interventi e compiti fatti in classe. Ho deciso di strutturare in questo modo il libro perché odio i discorsi solo teorici e io vorrei davvero e che le persone fossero più libere e serene.

Un avvertimento prima di iniziare

Spero che, arrivata a questo punto, tu sia bella carica. Prima di andare avanti ho bisogno di avvertirti: non sei Wonder Woman. Durante questo percorso troverai delle difficoltà e ti accorgerai di errori che hai commesso e che forse continuerai a commettere. Io combino un sacco di pasticci, per esempio.

Non ti sto demoralizzando. Ti sto permettendo di andare avanti nel modo più sano possibile. Non pretendere di essere perfetta, di non avere nemmeno una macchia, di salvare ogni essere umano sulla faccia della Terra perché non succederà.

Ti capiterà di sbagliare, ma va bene così. Se ci pensi solo chi non fa mai nulla non sbaglia mai.

PARTE 2
ALL'ATTACCO!

Un punto di partenza: cos'è il femminismo?

Fatte le dovute premesse, possiamo entrare nel vivo della discussione scomodando subito una parola importante: femminismo.

Il femminismo è un insieme di idee che si basa sull'assunto che maschi e femmine dovrebbero avere le stesse opportunità e gli stessi diritti. Il femminismo non pensa per nessuna ragione al mondo che le femmine siano migliori dei maschi. Ogni persona ha la sua storia, i suoi pregi, i suoi difetti, le sue abilità, i suoi sogni e merita rispetto, indipendentemente dal suo sesso.

Il femminismo vorrebbe eliminare le distinzioni in cose "da maschio" e " da femmina", vorrebbe che ogni bambino e bambina potesse giocare con ciò che desidera senza essere etichettato o etichettata, che ogni ragazzo o ragazza si vestisse come vuole senza paura del giudizio altrui, che ogni uomo e donna potesse realizzarsi senza problemi.

C'è una grande differenza tra sesso e genere. Il sesso è un fatto biologico, il genere è sociale. Questo significa che una persona può avere sesso femminile o maschile e questa distinzione implica delle differenze biologiche. Il femminismo non vuole negare le oggettive differenze che ci sono tra i sessi, sia ben chiaro.

Il genere è invece un costrutto sociale, ossia è l'insieme dei comportamenti e delle caratteristiche che la società attribuisce e si aspetta dai due sessi. Per esempio si pensa che le donne siano dolci e gli uomini forti senza che queste due caratteristiche abbiano evidenze biologiche. Questo è l'anello debole della faccenda. Tutto quello che è sociale è mutevole. Possiamo davvero pretendere che i maschi e le femmine si comportino nello stesso modo secolo dopo secolo? Il genere è una costruzione ed è ora che vengano cambiate regole vecchie e svilenti. Viviamo in un mondo vario, multiforme e fantasioso: come è possibile che tutto ciò venga incasellato in due sole opzioni?

Mettiamola così: il femminismo dice che sulla Terra ci sono un sacco di persone diverse, ma nessuna è migliore di un'altra. Non sei migliore se sei un maschio e no, non sei migliore nemmeno se sei una femmina. Il femminismo dice anche che sarebbe bello se ognuno potesse vestirsi o esprimersi come vuole, senza dover controllare se quello che fa è "da maschio" o "da femmina". Il femminismo sa che nel mondo ci sono tante differenze e vorrebbe che avessero tutte la stessa dignità. Il femminismo non nega l'esistenza della diversità, ma vorrebbe che nessuna variante fosse considerata migliore dell'altra. Ci sono maschi e femmine, ma i maschi non sono migliori delle femmine. Ci sono bianchi e neri, ma i bianchi non sono migliori dei neri. Ci sono diversi orientamenti sessuali, ma nessuno vale più dell'altro. Ci sono persone abili e persone disabili, ma entrambe hanno lo stesso valore. Se sono femmina ho il diritto di essere come mi pare e non devo sentirmi obbligata a essere una "mammina carina patatina" e sottomessa. Allo stesso modo se nasco maschio non devo sentirmi obbligato a essere un macho palestrato che non piange mai.

Ricordati bene: il femminismo non ti dirà che tipo di donna devi essere né ti sbatterà in faccia cosa devi o non devi fare per essere una femmina. Tutte le frasi del tipo "non sei una vera femminista se ti fai i peli, se ti metti il rossetto, se ti trucchi" vanno buttate nella spazzatura. Il femminismo ti fornirà gli strumenti per scegliere liberamente chi essere, senza che il giudizio esterno ti tarpi le ali. Il più grande obiettivo sarà quello di darti le opportunità per realizzare ciò che vuoi essere. Il femminismo è in primo luogo libertà e giustizia.

Il femminismo urla a squarciagola che il genere non deve obbligarmi a nulla, ma che ogni singola persona ha il diritto di essere come vuole. Alla base del femminismo ci sono la dignità e il rispetto, due tra le parole più belle e immense che esistano. Il femminismo punta in alto, ma proprio perché la posta in palio è tanto importante, la battaglia è ancora più appassionante.

Chi è il nemico?

Abbiamo detto che c'è qualcosa che non va, certo. Abbiamo affermato che vorremmo vivere in un mondo differente e questo è un desiderio giustissimo. Ora inizia la parte più complicata: capire cosa accidenti dovremmo fare in pratica. Partiamo dalle basi: dobbiamo prendere in considerazione il modo in cui ragioniamo e osserviamo il mondo. Cerchiamo di capire quanto e come questa nostra prospettiva sia incrostata di luoghi comuni o pregiudizi legati al genere. Solo in questo modo raggiungeremo un modo di pensare più libero e consapevole.

Iniziamo a capire perché spesso maschi e femmine sembrano essere due mondi diversi attraverso due concetti fondamentali: gli stereotipi di genere e il patriarcato.

Compito: mi spieghi perché queste persone ti sembrano strane?

Per farti capire cosa sono gli stereotipi di genere, ti racconto di un esercizio che ho fatto in classe.

Sono partita da un lavoro che avevo trovato in un libro intitolato *A tavola con Platone, esercitazioni e giochi d'aula sulle differenze culturali, sessuali e di genere*. Io avrei letto la descrizione di una persona e gli studenti e le studentesse mi avrebbero dovuto dire cosa il nostro cervello avrebbe percepito di strano o inaspettato.

All'inizio forse si aspettavano che avessi letto qualcosa del tipo: "un ragazzo con le ali, una signora con 5 gambe, una professoressa simpatica". Invece le descrizioni che ho letto erano: "una donna muscolosa, un ragazzo che rutta e una ragazza che rutta, un uomo con i leggins, un ragazzo basso, due ragazze che si abbracciano e baciano dopo le vacanze e due ragazzi che si abbracciano e baciano dopo le vacanze".

Come puoi ben vedere, non stiamo parlando di nulla di fantastico o paranormale, eppure c'è una piccola parte del tuo cervello che vede qualcosa di anomalo, giusto?

I miei studenti e le mie studentesse mi hanno spiegato che una donna muscolosa è una femmina diversa da quella che ci aspettiamo perché si pensa che le donne siano deboli e gli uomini forzuti. Una ragazza ha anche aggiunto che il nostro cervello ragiona così non tanto perché una donna non può essere fisicamente muscolosa, ma semplicemente perché non siamo abituati e abituate a vedere una femmina con questo fisico. Un ragazzo ha anche aggiunto che sua cugina alza dei pesi da dieci chili l'uno e io ho specificato che una volta ne ho sollevato uno da due chili senza morire, ma non ho sentito lo scroscio di applausi che mi meritavo.

Pensando poi alle persone che ruttano, un ragazzo ha detto che se a casa sua si rutta, le sgridate peggiori sono per la sorella e non per lui. Mi ha spiegato che si pensa che tutte le femmine siano delle principesse e che quindi non possono ruttare. Un maschio invece è vivace, salta, corre, si sporca e, tutto sommato, può anche ruttare. Un ragazzo è intervenuto dicendo che lui si becca delle sonore sgridate anche se rutta in una stanza diversa da quella in cui c'è sua mamma.

Un uomo con i leggins, mi hanno detto, è un po' il contrario della donna muscolosa. Di base non c'è nulla di male se un ragazzo indossa un certo tipo di pantaloni, ma il nostro cervello *lagga* un po' perché vede un capo d'abbigliamento che si pensa femminile su un corpo maschile.

L'immagine del ragazzo basso, lo so, è un colpo duro perché alle scuole medie capita sempre di avere qualche studente non molto alto che soffre per questa caratteristica. I miei studenti mi hanno infatti spiegato che pensare a un ragazzo basso non è strano, ma è un po' come vedere qualcuno zoppo. Si crede infatti che i maschi siano alti e forti, mentre sono le femmine a essere basse e deboli. Un ragazzo basso è quindi una persona che rompe la netta divisione tra maschi e femmine.

Infine per quanto riguarda i maschi e le femmine che si baciano e abbracciano, la discussione è stata piuttosto breve: le ragazze si abbracciano perché sono dolci, invece i maschi al massimo si prendono a cazzotti perché altrimenti sembrano gay. Un ragazzo ha puntualizzato che non c'è nulla di male a essere omosessuale, ma se uno dice all'altro che è un "frocio", lo sta insultando e a nessuno piace essere offeso.

Il problema alla base di tutto: un file corrotto

Come è possibile che noi siamo automaticamente portati e portate a fare ragionamenti come quelli del paragrafo precedente? Perché pensiamo automaticamente che un uomo sia più forte di una donna? Perché siamo più stupite e stupiti nel vedere un uomo piangere? Se ci pensi bene, nessuno ci ha mai spiegato che una donna è più debole di un uomo, ma allora perché a volte lo pensiamo?

Un po' è di certo questione di abitudine, un po' c'è dell'altro. In molti casi è come se avessimo nel cervello un file corrotto che ci porta a pensare che esistano "cose da maschio" e "cose da femmina" e spesso riteniamo che un uomo sia più capace di una donna nello svolgere certe mansioni. Se abbandoniamo il nostro cervello al pilota automatico, se agiamo senza ragionare troppo, questo file si attiva e ci fa vedere il mondo spaccato a metà.

Già ti vedo saltare sulla sedia e dire che, insomma, tu di certo non hai questa schifezza nel cervello perché è una roba da gente ignorante o meschina. Sarebbe certamente bellissimo, ma purtroppo non è così; purtroppo tutti e tutte abbiamo questo problema incastonato nella testa. Per farti capire questo passaggio, ora ti racconto di un paio di occasioni in cui il mio file corrotto si è attivato.

Una volta ho avuto un problema con la sim del mio cellulare e ho dovuto telefonare al servizio clienti di una compagnia telefonica diverse volte. A un certo punto ho pensato che sarebbe stato meglio mi avesse risposto un uomo perché sarebbe stato più competente di una donna in materia di telefonia e tecnologia. Appena mi sono resa conto di aver formulato questo pensiero, mi sono vergognata, ma ormai la frittata era fatta. Oppure pensa che quando parlo in classe e devo fare riferimento ai genitori, mi sono accorta che parlo quasi sempre di mamme perché il mio file corrotto dà per scontato che la cura dei figli e delle figlie sia prerogativa femminile e non maschile.

Dobbiamo insomma imparare a ragionare con occhio critico e a non dare nulla per scontato.

A questo punto potresti giustamente chiedermi: ma chi mi ha impiantato questa schifezza nel cervello? Perché nessuno ha visto? Ma i miei genitori hanno firmato? Come si fa a disinstallare?

Non parlo concretamente di un microchip impiantato nel cervello, ma di un modo di pensare che ci portiamo dietro da secoli. Un giorno ho chiesto in classe dove potremmo aver acquisito questo file. Mi hanno detto che le divisioni tra maschi e femmine sono sempre esistite già nella Preistoria. Siamo infatti abituati e abituate a pensare che nel passato gli uomini andassero a caccia e le donne accudissero i bambini. Il problema è che questa divisione non rappresenta più il mondo contemporaneo, ma noi andiamo avanti a ragionare così.

Visto che oggi non arrostiamo più bestie morte davanti alle nostre grotte, non potremmo anche smettere di pensare che tutte le femmine debbano essere in un modo e tutti i maschi in un altro? Non sarebbe più utile liberare un po' di memoria? Pulire il disco? Disinstallare questo maledetto file?

Come si disinstallano i file dannosi?

Abbiamo detto che una parte del nostro cervello è spesso portata automaticamente a fare distinzioni tra femmine e maschi. La nostra testa attribuisce così alcuni tratti fissi alle donne e altri agli uomini. Queste caratteristiche schematiche e semplificative si chiamano stereotipi di genere e sono il linguaggio con cui il nostro file corrotto è stato scritto. Cerchiamo insieme di imparare questa lingua.

Gli stereotipi di genere sono una visione semplificata della realtà, secondo la quale una persona dovrebbe avere caratteristiche e interessi aprioristici e standardizzati sulla base del sesso. È per questo che si pensa che tutte le donne siano emotive, non reggano bene la tensione, non sappiano parcheggiare, mentre tutti gli uomini sono razionali, possono ricoprire posizioni lavorative di rilievo, non piangono mai. Gli stereotipi esistono perché semplificano la vita, ti insegnano che tutte le persone del mondo si dividono in due categorie facilmente individuabili. Inoltre il cervello umano odia i cambiamenti e si tranquillizza se tutto procede in modo semplice e ripetitivo. Ma allora perché gli stereotipi di genere sono un nostro nemico? Come può essere negativo qualcosa che ci semplifica la vita, ci tranquillizza e ci evita troppi pensieri e ragionamenti?

Il problema, diceva lo scrittore David Foster Wallace, è che “gli stereotipi sono come l’acqua per i pesci: proprio perché ci circondano e sono ovunque, non li vediamo più”.

Ciò significa che gli stereotipi di genere condizionano il pensiero e l'agire delle persone senza che queste se ne rendano conto. Siamo infatti abituati e abituate a fare supposizioni sul conto di una persona a partire dal sesso: se è uomo sa di certo aggiustare una macchina che non funziona bene, se è donna ama sicuramente i bambini. Cerco di semplificare ancora di più la faccenda. Gli stereotipi di genere ti dicono che se hai i genitali maschili devi essere forte, coraggioso, violento e da grande farai l'ingegnere, il muratore o il calciatore, mentre se hai genitali femminili devi essere gentile, dolce, emotiva, ti deve piacere il rosa e da grande farai la maestra, la casalinga, la mamma.

La situazione si complica quando ci si allontana da quanto imposto dai modelli in questione, andando incontro a una serie di difficoltà. Pensa al bambino preso in giro perché pratica la danza invece del calcio o addirittura alle donne che faticano a farsi strada in carriere ritenute tipicamente maschili.

Il punto è che le caratteristiche che oggi hanno (dovrebbero avere?) maggior valore come l'intelligenza, la creatività, il coraggio, l'intraprendenza, l'altruismo non dipendono dal fatto che sono femmina o maschio. Ne consegue che ragionare secondo gli stereotipi di genere rinsalda una visione del mondo povera, limitante, svilente, retrograda e non utile alla crescita di nessuno.

Gli stereotipi continuano a esistere perché sono comodi e noi esseri umani siamo terribilmente pigri. È molto più pratico catalogare tutti gli esseri umani in due categorie ed è tranquillizzante pensare di sapere tutto su di una persona solo constatando che è uomo o donna. Però ti chiedo di fare una scelta: tra la comodità svilente e la scomodità rispettosa, cosa sceglieresti? Ti sentiresti autentica a essere considerata in un certo modo solo perché donna? Ti sentiresti valorizzata se una persona pensasse di sapere tutto di te solo perché sei femmina?

Crescere, essere o diventare persone senza gli stereotipi di genere ci permetterebbe di vivere in un mondo in cui ognuno potrebbe esprimersi e realizzarsi più liberamente. Non voglio che nessuna ragazza cresca pensando di essere una principessa, ma nemmeno che si senta obbligata a sposarsi e ad avere dei figli. Non voglio che i ragazzi siano o diventino arroganti, tantomeno che si sentano obbligati a reprimere le loro emozioni, a essere indistruttibili, a dover incarnare un modello di uomo inutilmente monolitico.

A conti fatti però questa sembra una battaglia molto nobile, ma persa in partenza. Eppure le guerriglie asimmetriche sanno regalare dei gustosi colpi di scena: i greci hanno vinto contro l'immenso esercito dei persiani e i viet-cong hanno fatto le chiappe a strisce agli americani. Ricordati che "difficile" e "impossibile" non sono sinonimi.

A volte mi torna in mente un lunedì di ottobre: mentre in classe studiamo le fiabe, una ragazza alza la mano e mi dice: «A me Cenerentola sta antipatica perché aspetta tutto il tempo senza fare nulla. Io mi sarei arrangiata da sola». Mi rendo conto che questa sia una chiusa stucchevole, ma quella frase mi è sembrata una vittoria bellissima.

Il boss finale

Il nostro odiato file corrotto ha un'altra componente. Se gli stereotipi di genere sono il linguaggio con cui il file è scritto, il patriarcato è l'alfabeto da cui gli stereotipi nascono.

Il patriarcato, sia ben chiaro, è un osso duro.

Iniziamo direttamente con un esempio. Quando andavo alle elementari ero sempre l'ultima a essere scelta a fare le squadre per giocare a palla prigioniera perché ero incredibilmente scarsa. Questa è una scelta molto assennata: se sono il capitano di una squadra, voglio i migliori giocatori per poter vincere. Una volta eravamo rimasti in due: io e un bambino con il braccio ingessato. Mentre guardavo l'ingombrante gesso del mio compagno, pregustavo la mia vittoria: per una volta non sarei stata scelta per ultima. Eppure il bambino con un solo braccio agibile fu scelto prima di me perché "anche con un braccio solo è più forte di una femmina". Qui c'è puzza di ingiustizia. Ha senso che io sia scelta per ultima perché sono scarsa. Non ha senso che io sia scelta per ultima in quanto femmina perché questo vuol dire che automaticamente tutti i maschi sono più forti di tutte le femmine. Ecco, questo tipo di ingiustizia nasce da un particolare modo di vedere il mondo che si chiama patriarcato.

Il patriarcato è un sistema sociale in cui ogni

tipo di potere è esercitato da uomini. Detto in parole povere: il patriarcato è un modo di organizzare i gruppi di persone in cui i gli uomini comandano e le donne sono comandate in ogni contesto, dalla casa al lavoro. Quindi secondo questo modo di pensare non solo esistono "cose da maschio" e "cose da femmina", ma le prime sono sempre e comunque migliori delle seconde.

Il patriarcato mi dice che il mondo è rigidamente diviso in maschi e femmine, a ognuna della due categorie competono attività, aspetti e compiti precisi. Alla base del patriarcato c'è l'idea della superiorità dell'uomo sulla donna. Seguendo questo ragionamento l'uomo sarebbe più forte, intelligente e importante della donna che, a sua volta, si ridurrebbe a essere una bella bambolina nelle mani dell'autorità maschile di turno, padre, fidanzato o marito che sia.

So che te lo stai chiedendo: come diavolo abbiamo fatto ad accettare tutto ciò? Come abbiamo fatto a cadere così in basso? L'abbiamo già accennato, ma per capirlo dobbiamo fare qualche passo indietro. Hai presente la Preistoria? Bene, fermati lì perché la storiaccia affonda le radici in quel simpatico momento fatto di capelli crespi, disegnetti sui muri e ossa tra i capelli. A un certo punto della storia gli esseri umani sono diventati sedentari. Un popolo sedentario ha un proprio terreno e ogni persona ha una dimora in cui custodisce i beni più preziosi. Ti chiedi cosa mai potrà possedere di prezioso un tizio che si veste con pelle di bestia morta? Be', gli animali che possono produrre cibo e quelli che possono produrre prole. In questo momento storico le donne vengono considerate come qualcosa di prezioso da proteggere perché in grado di generare piccoli umani. Un uomo preistorico di certo non sapeva come funzionasse una gravidanza, ma era assolutamente in grado di capire che una donna incita necessitava di cure e un ambiente sicuro e protetto. È molto comodo farsi proteggere e le donne hanno preferito sacrificare la loro libertà per la protezione e la sicurezza[3]. Di certo non potevano immaginare che un semplice occhio di riguardo sarebbe diventato nel corso dei secoli sottomissione, accuse di inferiorità, violenza.

Riesci a percepire il problema? Da una semplice protezione, le donne hanno iniziato a essere viste come deboli e inferiori in ogni contesto e in ogni epoca storica fino a oggi. Inizi a sentirti un po' arrabbiata? Perfetto, è proprio quello che mi serve! Sto infatti per raccontarti qualcosa ricco di patriarcato, disuguaglianze e diritti negati: la storia delle donne.

---

3 G. Blasi, *Rivoluzione Z*, Rizzoli, 2020.

PARTE 3
UN PO' DI STORIA (NON NOIOSA)

Sempre in un angolo!

Abbiamo detto che in diverse situazioni le donne subiscono delle discriminazioni e su questo non c'è dubbio. Dovrebbe però essere chiaro che questa condizione non è nata ieri, MA affonda le radici nella notte dei tempi.

Per secoli le donne sono state considerate streghe oppure belle bamboline adatte a rassettare la casa e accudire marito e figli. Le donne sono state ritenute per secoli deboli, fragili, delicate, vulnerabili, lunatiche, isteriche, capricciose. Del resto è ben noto: "chi dice donna dice danno", giusto?! Lo psichiatra Cesare Lombroso a fine '800 scrisse un libro intitolato *La donna delinquente, la prostituta e la donna normale* nelle cui pagine affermava che la donna è in tutto inferiore all'uomo, menzognera, stupida e cattiva, che "ha molti caratteri che l' avvicinano al selvaggio, al fanciullo, e quindi al criminale: irosità, vendetta, gelosia, vanità e nella mente e nel corpo, la donna è un uomo arrestato nel suo sviluppo"[4].

Andiamo per gradi. Diciamolo sin da principio: oggi gli studiosi non sono unanimi nell'individuare l'origine dei sistemi patriarcali. Quindi

4 C. Lombroso, G. Ferrero, *La donna delinquente, la prostituta e la donna normale*, Et.al, 2009.

no, non abbiamo nessun personaggio storico in particolare da colpevolizzare, metti pure via il forcone. No, non c'è nemmeno qualcuno a cui tirare i sassi, mettiti il cuore in pace. Ci sono tuttavia delle ipotesi.

Secondo alcune teorie che abbiamo già menzionato, tutto nasce dalla divisione dei lavori nelle prime comunità in cui si praticava l'agricoltura. La donna, in particolare nei mesi precedenti alla gravidanza, era inadatta alle mansioni più faticose. Così il lavoro pesante nel mondo esterno sarebbe diventato appannaggio dell'uomo mentre alla donna sarebbe rimasto il lavoro domestico. Chimamanda Ngozi Adichie dice che il mondo antico era basato sulla forza, vero è che i popoli più importanti e potenti erano i vincitori in guerra[5]. Biologicamente l'uomo è dotato di più testosterone, che è l'ormone della forza, e per questo avrebbe avuto più importanza nel passato. L'uomo venne ben presto considerato più forte, quindi più importante e infine migliore, mentre le donne erano deboli e fragili e la loro importanza era riducibile all'unica funzione non adempibile dagli uomini: il parto.

Questa distinzione si è poi rinforzata ed estesa nel corso della storia. Sai che per molto tempo le femmine non andavano nemmeno a scuola? Bastava che sapessero pulire, cucinare e accudire i bambini! Purtroppo però delle donne non istruite non si accorgono di non avere diritti e non pos-

---

5 C. Ngozi Adichie, *Dovremmo essere tutti femministi*, Einaudi, 2015.

sono combinare un granché nella vita. Se poi le donne non sono istruite, l'unico punto di vista che passa è quello dell'uomo e la visione della storia è giocoforza scorciata.

Anche se non siamo in grado di dire quando esattamente s'è deciso che le donne facessero un po' schifo, di una faccenda possiamo essere certe: è noioso vivere in un angolo.

La parte bella della storia è che dopo secoli di isolamento, solitudine, diritti negati e rospi ingoiati, le donne non ce l'hanno più fatta, si sono arrabbiate e hanno gridato al mondo che si erano rotte le scatole di non valere proprio un bel niente. Quelle grida sono il motivo per cui noi oggi possiamo votare, studiare, vestirci come ci pare ed è quindi nostro dovere ascoltarle.

Adesso basta!

A un certo punto il mondo in cui alle donne non era concesso nulla ha iniziato ad andarci atrocemente stretto. Il femminismo è infatti un movimento che lotta affinché le donne abbiano gli stessi diritti degli uomini. Ovviamente in momenti storici diversi si è lottato per obiettivi diversi: nel complesso è possibile parlare di quattro ondate all'interno del movimento femminista.

La prima ondata del femminismo nasce alla fine del 1800 in Gran Bretagna grazie all'azione delle suffragette che si sono battute per il diritto di voto.

Prima di tutto la parola "suffragetta" nasce come una bella presa in giro perché è una storpiatura, un vezzeggiativo della parola suffragio che indica il diritto di voto esteso a tutti. Quando penso a questo nomignolo, mi immagino sempre un uomo benestante che guarda con fare paterno le suffragette e dice a un amico: "Oh, guardale, non ti fanno tenerezza! Vogliono votare, le tenerelle! Dove troveranno il tempo tra un parto e un matrimonio infelice?" Le suffragette sono dunque le prime femministe perché lottano affinché le donne possano votare.

Potresti dirmi che, tutto sommato, il diritto di voto non è un grande traguardo. Del resto non si vota nemmeno una volta all'anno, mentre ci sono sofferenze a cui le donne sono sottoposte ogni giorno. Be', in realtà il diritto di voto è un traguardo immenso. Pensiamoci bene: il voto è il modo con cui una persona partecipa alla costruzione del proprio Stato, manifesta la propria opinione, sapendo che chi è al potere ne terrà conto. Se non posso votare, vuol dire che la mia opinione non è rilevante, significa che non ho né voce né pensiero. Se non posso votare, sono ritenuta inferiore a chi invece ha tale diritto. Considera che nella storia non hanno avuto diritto di voto: le donne, gli analfabeti, i poveri, i neri. In definitiva: il diritto di voto distingue le persone da chi veniva considerato uno scarto umano, e non devo di certo dirti in quale sezione le femmine sono state collocate per un quantitativo di tempo imbarazzante.

Lottare per il diritto di voto significa gridare al mondo: "Ehi, siamo donne! Esistiamo, pensiamo, abbiamo opinioni e accidenti, valgono come quelle di un uomo! Vogliamo essere ascoltate come chiunque altro!" Del resto, se ci pensi bene, per votare servono le mani, sapere scrivere, leggere e ragionare e nessuna di queste abilità è determinata dal sesso. Perché dunque un uomo dovrebbe votare e una donna no? La lotta delle suffragette è stata dura; spesso venivano arrestate e in molte situazioni erano additate come esaltate o folli. Eppure nel 1920 le donne iniziano a votare in Gran Bretagna e il 2 giugno 1946 in Italia le donne votano per la prima volta. So che per le ragazze più giovani ogni data che inizia con 19 puzza di storia antica, ma non è così. Il 1946 non è un anno particolarmente antico, pensa che mia nonna, per esempio, aveva già diciassette anni.

La seconda ondata del femminismo si sviluppa tra gli anni '60 e '70 del '900 nella maggior parte dei paesi occidentali, Italia compresa. L'obiettivo è l'autodeterminazione, ossia il diritto di una persona di scegliere in modo autonomo e indipendente per se stessa. Hai capito bene: per secoli le donne non hanno nemmeno potuto scegliere per loro stesse. Per molto tempo sono state trattate come bambine anche da adulte. Le decisioni importanti della vita di una ragazza venivano infatti prese dal padre o dal marito. Mi capirai di certo quando dico che dopo un po' la faccenda ha iniziato a diventare insostenibile. A un certo punto le donne si sono arrabbiate, sono scese per strada hanno detto: "D'ora in poi decido io! Io sono mia! Il corpo è mio e ci faccio quello che voglio io! Vogliamo pensare!" Le ragazze hanno semplicemente iniziato a dire che nessuno poteva decidere della loro vita al posto loro. Da questo momento in poi ciascuna donna avrebbe deciso da sola per il proprio corpo, studi, lavoro o relazioni. Proprio come una vera persona, insomma.

Questi sono gli anni in cui le donne, per esempio, possono legalmente divorziare (1970) o interrompere una gravidanza (1978). Succede proprio in questo momento che le donne iniziano a raccontarsi, a incontrarsi, a parlare, a capirsi, a fare squadra, a constatare che non ha senso farsi dire da padri e mariti cosa fare, ma è molto meglio decidere da sole per la propria vita. Del resto il mondo è grande, pieno di opportunità ed esperienze: possiamo scegliere da sole cosa fare.

La terza ondata femminista nasce negli anni '90 del '900 ed è alimentata dalla rabbia dell'essere donna in un mondo che ti considera inferiore dalla nascita. Il punto è che io non posso considerarmi una perdente se non mi è nemmeno concessa la possibilità di gareggiare. Le femministe degli anni '90 sono terribilmente arrabbiate e gridano al mondo intero che le donne sanno fare un sacco di cose, anche meglio dei maschi, se necessario! Del resto si cantava: "*In her kiss, taste the revolution*"[6]! In questo particolare momento storico, la lotta più importante è quella per la parità salariale. Forse non te l'ha mai detto nessuno, ma sai che in moltissimi Paesi, Italia compresa, una donna e un uomo che svolgono lo stesso lavoro per la stessa quantità di ore non

---

6 Bikini kill, *Rebel girl*, 1993.

ricevono lo stesso stipendio? Devo dirti chi dei due prende di meno? Questa lotta non è ancora stata vinta, ma inizia proprio a partire dagli anni '90. Il femminismo della terza ondata fa poi un'osservazione geniale: è vero che le donne sono discriminate, ma i neri? Gli omosessuali? Le lesbiche? Le persone trans? Quelle disabili? Hai capito dove sto andando a parare? Il femminismo della terza ondata si chiama intersezionale e afferma che nel mondo ci sono tante discriminazioni e non ha senso separarle tra di loro. L'obiettivo è infatti quello che eliminare ogni tipo di discriminazione e smantellare un mondo che non pare ammettere la diversità per crearne uno finalmente equo.

Infine, la quarta ondata è quella che è in corso ora, quella delle donne curde di Rojava, di *Lotto Marzo*, di Non una di meno, del *Me too*, della rabbia contro la violenza silenziosa dei femminicidi e delle discriminazioni che dopo secoli di lotte esistono ancora. La quarta ondata ha creato un movimento globale e combattivo che attraversa internet, ma che sa occupare anche le strade. Questa è l'ondata delle ragazze e dei ragazzi che spero costruiranno un mondo migliore. Il femminismo di oggi non vuole più maschi e femmine separati, ma uniti in un'unica squadra per smantellare tutte le discriminazioni che ci circondano.

Ora stai bene attenta. Purtroppo a volte la storia si ripete e può succedere che torni sui suoi passi. Ti faccio un esempio. In Iran negli anni '60 era normale vedere ragazze andare a scuola in minigonna e acconciature alla moda. A fine anni '70 una rivoluzione integralista islamica ha imposto il velo integrale alle donne, ha reso legale il matrimonio dai nove anni, ha dato al marito ogni tipo di potere sulla moglie. Cosa è successo? Nello specifico si è instaurato un governo integralista islamico, in generale abbiamo perso terreno. Abbiamo abbassato la guardia, abbiamo considerato come scontato quello che era un traguardo, non lo abbiamo difeso e l'abbiamo perso. Questo non deve succedere: per nessuna ragione al mondo possiamo permetterci di perdere quello che abbiamo faticosamente guadagnato. Non dobbiamo abbassare la guardia, altrimenti la storia si riavvolge.

Quello che serve è sapere che ci sono ancora tante discriminazioni e che, prima o poi, ci verrà chiesto di schierarci e dovremmo dunque scegliere da che parte stare. Il femminismo serve a farci fare questa scelta con consapevolezza. Come sostiene Maya Angelou, "Ogni volta che una donna lotta per se stessa, lotta per tutte le donne".

Oggi possiamo votare, ma per noi donne non è sempre stato così. Oggi possiamo scegliere da sole per noi e per il nostro corpo, ma tante donne prima di noi non hanno potuto farlo. Noi siamo nate con certi diritti, ma li abbiamo solo perché alcune donne prima di noi hanno lottato affinché li avessimo. La riconoscenza è di certo un buon punto di partenza, ma non basta. Abbiamo alle spalle una storia di discriminazioni e dolore, ma anche di coraggio e combattività: ora tocca a noi.

PARTE 4
COSA VUOL DIRE ESSERE UNA FEMMINA?

I maschi e le femmine vengono educati allo stesso modo?

Non prendiamoci in giro: crescere è un casino pazzesco e se sei femmina, mi dispiace, potrebbe esserci un'aggravante. Di tanto in tanto potresti infatti ricevere un particolare trattamento solo perché sei femmina. Per esempio qualcuno potrebbe dissuaderti dal fare qualcosa perché ritenuta "da maschio" o potresti essere considerata un pasticcino carino solo perché sei una ragazza. L'abbiamo già detto: esistono differenze biologiche tra maschi e femmine. L'ingiustizia nasce quando essere donna implica differenze di diritti, stima e trattamento. Detto in parole spicce: è ovvio che gli uomini e le donne abbiano corpi diversi, ma non è giusto che io abbia uno stipendio più basso perché sono una femmina o che venga considerata meno intelligente solo perché donna. Lo ripeto: il tuo essere donna non deve mai e poi mai determinare la tua posizione nel mondo, a scuola, in famiglia, al lavoro. La parte più dolorosa è che spesso siamo così abituate a essere trattate diversamente in quanto femmine, che nemmeno ce ne rendiamo conto. In questo modo rafforziamo e consolidiamo una serie di ingiustizie che invece dovremmo sbriciolare con tutte le nostre forze.

Dopo aver fatto tutte le dovute premesse, con questa parte del libro entriamo nel vivo della missione. Passeremo in rassegna le situazioni più frequenti in cui un ragazzo e una ragazza ricevono un trattamento diverso e proveremo a trovare delle soluzioni plausibili. A volte basta osservare, ragionare e stabilire un piano. Dobbiamo iniziare ad allenare lo sguardo in modo tale da riconoscere le ingiustizie che spesso non riusciamo a vedere perché sono all'ordine del giorno.

Maschietto o femminuccia?

Se dobbiamo affrontare insieme un problema, tanto vale iniziare dal principio. Spesso infatti maschi e femmine sono visti come diversi addirittura prima che vengano al mondo.

Appena una donna è incinta, le si chiede se ha in forno un maschietto o una femminuccia. Spesso la risposta si ingarbuglia in una matassa di falsi miti: "Speriamo che sia una bambina perché le femmine sono più calme!" Mi auguro sia un maschio almeno non ci metto meno tempo a scegliere i vestiti!" "Mi sento che è un maschio perché non sta fermo un secondo!"

Carattere e interessi non dipendono dai cromosomi, eppure in diverse situazioni siamo abituate e abituati a pensare al contrario. Non ci credi? Ti faccio un esempio. Immagina di tornare a casa e di vedere sul cancello dei vicini di casa un fiocco rosa, uno di quelli un po' pacchiani che si appendono quando nasce un bambino o una bambina. Vedi il fiocco e, incuriosita, ti avvicini. È una coccarda di tulle rosa con dei nastrini dello stesso colore; nel mezzo c'è un pezzo di stoffa bianca con un nome ricamato: Giulio. Cosa pensi di primo acchito? Io mi direi: "Hanno sbagliato il colore! Il fiocco rosa è per le femmine, quello azzurro per i maschi!" Scommetto che la maggior parte di noi formulerebbe un pensiero simile eppure, se ci pensi bene, quali sono le motivazioni logiche che ci portano a dire che il rosa è un colore da femmine e l'azzurro da maschi?

Ricordo ancora quando, in prima elementare, un mio compagno di classe mi chiese se gli potessi prestare "il colore delle femmine" e io, senza fare una piega, gli passai il pastello rosa. Ricordo anche quando un ragazzo che frequentava la mia stessa scuola media fu pesantemente preso in giro perché amava danzare. "Ballare è da femmine o da froci", gli dicevano. Soprattutto mi ricordo che in quella occasione non feci nulla, non presi le difese di quel ragazzo e me ne vergogno ancora oggi. Spero che tu sappia essere una persona migliore di me.

La questione diventa ancora più complicata se facciamo un tuffo nell'universo dei giocattoli. Ti è mai capitato di desiderare intensamente un certo giocattolo e di esserti sentita rispondere: «No, è da maschi»? Perché alle bambine si dice di stare calme, di non fare baccano mentre i maschi possono prendersi a mazzate senza che nessuno dica nulla? I giochi che ricevevi a Natale erano uguali o diversi da quelli di tuo fratello o di tuo cugino? Chi si beccava il bambolotto che si vomitava addosso schifezze grumose e schiumose? Chi invece riceveva la lucente spada del guerriero più fico del mondo per combattere le forze delle tenebre? Perché tu, al massimo, potevi combattere la poco temibile bua di Cicciobello? Perché *Call of Duty* è considerato da maschio mentre si pensa che le ragazze, al massimo, possano giocare ad *Animal Crossing* o, che ne so, a *Giulia passione per il patriarcato*?

Proviamo a fare un immaginario giro tra gli scaffali di un supermercato e osserviamo quali giocattoli vengono offerti a bambini e bambine. In primo luogo bisogna constatare che c'è una netta divisione tra maschi e femmine: esistono letteralmente scaffali o interi reparti divisi anche se non è necessario dividere tutto per genere.

Sei una femmina? Allora ti deve piacere il rosa, anzi, ne devi essere ossessionata! Ogni tuo gioco o vestito deve essere rosa! Mi raccomando, dacci dentro con brillantini, stelline e cuoricini! Mangiane anche una bella manciata, non si sa mai! Ti devono piacere le bambole, le cucine, le principesse, le fate, le ballerine. Puoi cucinare delle pietanze di prelibato polistirolo per il marito che torna dal lavoro, accudire figli di plastica con gli occhi da pesce lesso o truccarti con dei quadratini di schifezze probabilmente tossiche! E stai composta, chiudi le gambe, non sporcarti e fammi un bel sorriso!

Sei un maschio? Perfetto, in primo luogo ricordati che la scelta del colore è fondamentale: non devi mai indossare o possedere nulla di rosa perché è il colore delle femmine e sai, le femmine sono più scarse in tutto. Puoi giocare con macchinine, camion, aerei, costruzioni, palloni. Puoi anche fare finta di lavorare al meccanico, al piccolo chimico, al calciatore, al dottore. Salta, corri, schiamazza e se ti fai male non piangere, dai, fai l'uomo!

Il punto è che i gìochi non sono un semplice passatempo, ma ci influenzano più di quanto pensiamo. I bambini e le bambine passano numerose ore al giorno a giocare. Ciò significa che per molto tempo sono esposti alle differenziazioni di genere che abbiamo spiegato fin qui e questo comporta una sorta di lavaggio del cervello. Detta così, la faccenda sembra ingigantita, ma continua a leggere.

Se fin da piccoli ti insegnano a guardare a destra e a sinistra prima di attraversare la strada, arrivi a un certo punto della tua vita in cui fai questo gesto in automatico, giusto? Cosa ci insegnano i giocattoli? Cosa rendono automatico nelle nostre teste? A cosa ci abituano? Alle bambine si offrono trucchi, borsette, specchiere giocattolo, bigodini, bambole con tanti vestiti e acconciature e si insegna così a loro che essere belle è la parte più importante della loro esistenza. Secondo te, perché tante bambine iniziano a pavoneggiarsi davanti allo specchio sin dai primi anni di vita? Non è agghiacciante? Inoltre le attività loro proposte orbitano quasi sempre attorno al cucinare, agghindarsi, accudire bambini e animaletti. Per questo motivo le bambine introiettano il pensiero che le attività per loro sono quelle inerenti alla sfera domestica, mentre le azioni più avventurose e spericolate non sono per loro.

Ai bambini vengono invece dedicati giochi molto più dinamici e quindi i maschi sviluppano una maggior confidenza e sicurezza. Sin da piccoli sono infatti più propensi a correre, saltare, combattere, esplorare il mondo perché i loro giocattoli li spingono proprio a fare ciò. Inoltre i giochi per i maschi sviluppano più competenze lavorative: pensiamo alle costruzioni, ai giochi meccanici[7].

Nel complesso i giochi da femmina insegnano alle bambine a essere delle bamboline o delle mammine, mentre i giochi da maschi insegnano ai bambini a essere intrepidi esploratori. Detto questo, è sorprendente che mediamente i maschi siano più vivaci delle femmine? Possiamo davvero lamentarci se le bambine sono meno intraprendenti dei bambini se non hanno mai ricevuto nessun allenamento allo spirito di avventura? Possiamo dire a una ragazza che è fifona se da piccola non ha mai fatto giochi movimentati? I giocattoli servono anche per far acquisire ai bambini e alle bambine certe competenze e abilità. Se faccio crescere una bambina giocando solo con pentolini, trucchi e bambolotti, cosa posso aspettarmi che voglia diventare da grande? Se i giochi di ragionamento sono per i maschi, posso davvero stupirmi se certe bambine si sentono più

---

7 E. Abbatecola, L. Stagi, *Pink is the new black. Stereotipi di genere nella scuola dell'infanzia*, Rosenberg & Sellier, 2017.

stupide dei coetanei maschi?

Detto questo, pensi che le differenze che vediamo tra bambini e bambine siano autentiche o un condizionamento portato avanti sin dalla prima infanzia? Non c'è nulla di male nell'essere una brava mamma, ma perché non sono disponibili alternative? È sano obbligare tutte le femmine a rispettare un solo modello? È coerente indurre tutti i bambini a comportarsi nello stesso modo? Cosa c'è di male se un maschio vuole giocare con le bambole? E se una femmina volesse un camion giocattolo per Natale?

Non perdiamoci in inutili giri di parole. Dividere i giochi è comodo per le industrie, ma dannoso per i bambini e le bambine. Differenziare i giochi rafforza infatti l'idea che le passioni e le capacità siano legate al genere. Mantenere i giochi distinti per maschi e femmine obbliga tutte le bambine a comportarsi in un solo modo e tutti i bambini a fare lo stesso. In questo modo gli interessi e le attitudini del singolo individuo vengono soffocate. Una bambina che può solo crescere tra cucine, bambolotti, glitter, trucchi, pizzi e merletti come può diventare una ragazza forte, libera e sicura di sé?

Cosa possiamo fare?

In primo luogo evitiamo di fare noi stessi distinzioni in prodotti da maschi e prodotti da femmine. Non c'è nessun legame tra sesso, passioni e abilità[8]. Noi siamo prima di tutto persone con un carattere individuale e solo successivamente siamo maschi, femmine o quello che vuoi. Ogni persona deve capire cosa la appassiona e in cosa è brava senza farsi condizionare da modelli esterni. Se sono femmina e sono brava a giocare a calcio, perché dovrei smettere? Se sono un maschio e non mi piacciono i giochi violenti, perché mai dovrei farmeli piacere a ogni costo?

Bisogna anche sapere che negli ultimi anni l'industria dei giocattoli ha fatto passi in avanti. Si sta infatti diffondendo l'idea che un gioco deve riguardare le inclinazioni del singolo bambino o della singola bambina. Se devo regalare un pallone devo sapere se il destinatario o la destinataria del gioco ama o no giocare all'aperto, non se è un maschio o femmina. Per esempio la catena Toys "R" Us ha messo in catalogo un bambino con una bambola e la Mattel *Creatable World*, una bambola personalizzabile in modo che ogni bambina e ogni bambino possa riconoscersi nei propri giochi.

Negli ultimi anni si stanno anche diffondendo dei giochi *gender free*, ossia senza le noiose distinzioni "da maschio" e "da femmina". Ogni bambino e ogni bambina deve essere stimolato e stimolata a 360 gradi in modo tale che ognuno possa trovare ciò che gli piace. Del resto la fantasia, la creatività e il divertimento non hanno sesso e qualsiasi persona ha il diritto di giocare nel modo che preferisce senza nessuna preoccupazione.

---

8 I. Marañón, *op. cit.*

Volevo fare la principessa!

Quando ero piccola, prima di voler fare l'allenatrice di Pokemon, volevo fare la principessa. Verso i sette anni ho amaramente scoperto di non vivere in una monarchia. Da dove ho preso l'idea di fare la principessa visto che la cosa più regale che ho visto è stata la corona ferrea della regina Teodolinda durante la gita di terza elementare? Be', la risposta è semplice: dai cartoni animati Disney e da tutti i prodotti correlati.

Durante l'infanzia passiamo un sacco di tempo a guardare i cartoni animati e, come i giocattoli, nemmeno questi sono neutri. Del resto ogni storia che si rispetti ci lascia qualcosa: un insegnamento, una riflessione, un modello da imitare e i cartoni animati non fanno eccezione. Tra tutti i prodotti d'animazione, un posto speciale viene occupato dalle storie Disney, considerate dai genitori sane, sicure e portatrici di buoni valori. L'abbiamo già capito parlando dei giocattoli: se trascorro tanto tempo a contatto con qualcosa, lo assimilo. Se dunque passo molto tempo a vedere i cartoni animati delle principesse, assorbo il loro messaggio, qualunque esso sia. Il problema è che la professoressa Sarah Coyne ha scoperto che maggiori sono le interazioni con le principesse, maggiore è la predisposizione agli stereotipi di genere[9]. Forse ti starà crollando un mito e proba-

---

9 S.M. Coyne et al. *Pretty as a Princess: Longitudinal Effects of Engagement With Disney Princesses on*

bilmente non crederai a quello che ti sto per dire, ma c'è del marcio nelle principesse Disney.

Consideriamo le principesse più vecchie: Biancaneve, Cenerentola e Aurora. Cos'hanno di speciale queste ragazze? Se ci pensi bene, non fanno nulla, al massimo piangono o cantano e passano la vita ad aspettare il principe azzurro. Biancaneve scappa dalla matrigna, si rifugia nella casa di alcuni sconosciuti e cosa si mette a fare? Pulisce! Ed è pure contenta di passare il tempo a fare la badante a sette sconosciuti! Cenerentola? Trascorre la vita a spazzare il pavimento e frignare, non si ribella manco a pagarla e si ritiene realizzata solo quando si sposa! Tra l'altro sposa un tizio che nemmeno conosce! Aurora? Be', lei si spara un mega riposino, si fa baciare in stato di incoscienza da uno che non ha mai visto e, già che c'è, se lo sposa! Cosa impara una bambina da questi cartoni animati? Impara che le ragazze si divertono un mondo a pulire e rassettare, quando il gioco si fa duro, si piangono addosso, sbattono gli occhioni dolci o cantano una bella canzoncina. In ogni caso, una ragazza deve avere come massima aspirazione il matrimonio e deve aspettare di essere salvata da un tizio che non deve necessariamente conoscere.

E bada, non va di lusso nemmeno ai maschi. Cosa apprende un bambino da questi cartoni animati? Che un maschio deve essere sempre forte,

---

Gender Stereotypes, Body Esteem, and Prosocial Behavior in Children, "Child Development", 87(6), 2016: pp. 1909-1925.

valoroso, salvare tutti quanti. E poi l'immagine maschile costruita dalla Disney delle origini non è molto lusinghiera. Infatti l'uomo è visto come un fessacchiotto che si innamora di una donna solo per il suo aspetto fisico o addirittura solo vedendo una scarpa! Poi hanno anche degli outfit di dubbio gusto, ma non scendiamo troppo nel dettaglio.

Dopo le nostre tre piangine regali, ci sono principesse un po' più combattive come Ariel, Jasmine e Belle. Queste tre ragazze sanno il fatto loro: Ariel si ribella al padre, Jasmine urla a tutti che lei non è un premio, Belle studia un sacco, rifiuta le attenzioni del fico del villaggio e riesce a salvare la Bestia con la forza del suo amore. Eppure anche queste principesse hanno qualcosa che non va. Ariel stravolge la propria vita e addirittura rinuncia a una parte di sé per Eric, il tizio con il ciuffo alla Elvis. Jasmine fa l'eroina a dire che lei non è di nessuno, che vuole esplorare il mondo, ma alla fine non fa nulla di straordinario se non sposare Aladdin. Belle è tanto intelligente, ma si innamora del suo rapitore e decide di convivere con una bestia perché è convinta che dietro ogni essere violento si celi un principe che ha bisogno solo di amore. Forse questo non è l'insegnamento più sano del mondo, ma posso anche sbagliarmi.

Queste tre principesse sono fortunatamente più combattive delle precedenti, ma non hanno nessun obiettivo nella vita se non coronare il proprio sogno d'amore. Essere innamorate è fichissimo, certo, però è anche bello avere dei sogni personali. Cosa impara una bambina da queste tre eroine? Che bisogna passare attraverso mille peripezie per coronare il proprio sogno d'amore o, alla peggio, che saranno felici solo quando avranno incontrato l'uomo della loro vita. Sarebbe bello che le bambine capissero che possono lottare anche per il loro lavoro dei sogni, per un progetto personale e non solo per il cuore di un principe, di un ladro o di una creatura mostruosa che ti rapisce.

Nella nostra scala di dignità data alle principesse Disney, a questo punto ci imbattiamo in Mulan, Pocahontas e Jane. Sì, so che Jane non è una principessa, ma è comunque un personaggio femminile. Mulan è la guerriera che salva da sola la Cina, Pocahontas è la principessa che rinuncia all'amore per salvare il suo popolo e Jane è la ragazza che esplora il mondo. Cosa può imparare una bambina? Per esempio che anche le ragazze possono combattere e darle di santa ragione, che una femmina può essere forte come un maschio, che le ragazze possono girare il mondo, che essere innamorate è bello, ma è bello anche avere qualcosa in cui credere. Certo, c'è da dire che Mulan viene presa sul serio solo quando si veste da uomo, mentre Pocahontas e Jane danno comunque centralità all'amore e fanno un sacco di cose solo per l'attenzione maschile, ma c'è del buono in queste storie, bisogna ammetterlo.

Infine ci sono le principesse Disney più moderne: Tiana, Merida, Elsa, Moana. Cos'hanno di nuovo queste fanciulle? Tiana lavora e si fa un mazzo tanto per raggiungere il suo sogno personale che non coincide con il coronamento di una storia d'amore. Merida è l'anti-principessa, la ragazza che non vuole sposarsi e che, piena di grinta ed entusiasmo, pone al primo posto i propri obiettivi e sogni. Elsa è la regina dei ghiacci che impara di poter essere debole e fragile, ma riesce a rimettersi in carreggiata solo con le sue forze. Infine Moana è la ragazza che decide, da sola, di vedere il mondo. Cosa impara una bambina da questi film? Che una femmina deve rimboccarsi le maniche per ottenere quello che vuole, che non deve per forza trascorrere la vita a pensare al principe azzurro e che viviamo in un mondo meraviglioso che aspetta solo di essere esplorato.

Le principesse Disney si sono evolute col tempo ed è comprensibile che i personaggi più vecchi propongano stereotipi molto rigidi. Biancaneve è del 1937 e in quegli anni non esisteva nemmeno la figura della donna emancipata che si arrangia da sola. Tuttavia bisogna capire che anche le principesse più femministe si muovono in un mondo in cui gli stereotipi di genere esistono e sono ben saldi. Facciamo un esempio. Una delle principesse più emancipate di tutte è Merida; ora pensate che all'uscita della sua bambola è seguita una grande protesta. Troppo femminista? Troppo ribelle? No, semplicemente la bambola di Merida aveva il corpo più esile che nel cartone, non aveva arco e frecce, ma un trucco pesante. Tutto il lavoro della Pixar è stato così sbriciolato dal merchandising.

Sara Coyne dice che c'è un legame tra l'esposizione alle principesse Disney e lo sviluppo di comportamenti legati agli stereotipi femminili, come il giocare in modo quieto, cucinare, pulire, evitare i rischi, evitare di sporcarsi e di provare cose nuove, l'ossessione per la bellezza e la magrezza[10].

Detto ciò, cosa possiamo fare? Diamo fuoco a tutto quello che raffigura le principesse? Iniziamo il falò?

Cosa possiamo fare?

Nessuno ha intenzione di eliminare i cartoni della Disney perché sono dei gioielli dell'animazione e veicolano comunque messaggi positivi come la bontà, l'altruismo, l'amore per la natura e talvolta, abbiamo visto, l'intraprendenza femminile. Inoltre la censura non è mai la soluzione. Come ogni narrazione, anche i cartoni Disney vanno contestualizzati, va sviluppato un certo senso critico e bisogna capire cosa tenere e cosa buttare.

In primo luogo possiamo guardare tutte le maratone Disney del mondo solo se ci ricordiamo questa frase importantissima: "No, non sono una principessa!" Questo significa che ogni bambina e ogni ragazza deve stamparsi in testa che non deve aspettare né di essere salvata né che qualcuno faccia il lavoro al posto suo. Ogni bambina dovrebbe avere dei propri sogni, ma dovrebbe anche capire che se non sarà lei a faticare, le sue

---

10 Ivi.

ambizioni non si realizzeranno mai.

La diversità delle ultime principesse non deve però trarti in inganno. Per essere libera non devi essere obbligata a essere una combattente perché altrimenti ci staremmo solo costruendo un'altra prigione. Non devi scegliere se essere una principessa o una guerriera, ma devi semplicemente sentirti libera di essere come vuoi, senza etichette o senza la presunzione di combattere con una gonna lunga fino ai piedi, pensa che scomodità.

Dovresti anche ricordarti che non è poi così indispensabile essere bella e magra. Lo so che tutte le principesse Disney lo sono, ma spero di non turbare nessuno sottolineando che sono dei disegni. Con la forza dell'illustrazione io posso diventare un drago bianco a occhi blu, ma questo non significa che io pensi di poterlo essere nella vita reale. O almeno, non lo penso più. Ricordati che va anche curata la personalità, che dovrai saperti fare delle idee, esprimerle e sostenerle, meglio se in modo civile. Parla, apri la bocca e protesta, se necessario. Non devi essere perfetta e, anche se fa un po' male, nemmeno la vita lo deve essere. Il lieto fine, non esiste necessariamente ed è un bello spreco di tempo passare l'esistenza ad aspettare un "e vissero tutti felici e contenti".

Le principesse non sono il male, sono semplicemente un tipo di personaggio. Sarebbe più utile offrire alle bambine tanti modelli diversi di donne, in modo tale che abbiano davvero una scelta. Se una femmina può solo guardare i cartoni animati pieni di zuccherose principessine, cosa mai vorrà essere da grande?

Spesso ci creiamo un sacco di prigioni. Una volta una mia studentessa mi ha detto che a lei piace andare sullo skate, ma le piacciono anche gli unicorni. Le davano fastidio le persone che le dicevano che lo skate non era da femmine, ma la infastidiva ugualmente chi le faceva notare che, insomma, gli unicorni sono proprio da stereotipo femminile.

Il punto è che se una bambina può crescere con tanti modelli diversi, potrà voler essere scienziata, investigatrice, dottoressa e, se lo sceglie di sua spontanea volontà, anche principessa. Basta che ogni persona possa decidere cosa essere.

Quali storie fanno crescere bene?

Abbiamo imparato come guardare le storie più amate dalle bambine. Esistono invece delle narrazioni che forniscono direttamente grandi insegnamenti? Se dalle storie si può imparare molto, quali potrebbero essere le migliori da sottoporre a delle bambine? Quali personaggi potrebbero aiutarmi a crescere delle persone sicure di sé, avventurose, coraggiose, convinte che essere femmine sia una caratteristica che non determina passioni o attitudini?

Il problema è che c'è chi dice che, di fatto, la storia è stata fatta dagli uomini e che le storie di donne degne di nota sono poche.

Ipazia, matematica, astronoma e filosofa è l'unica donna raffigurata nella scuola di Atene di Raffaello ed è stata a capo della scuola di Alessandria. Elisabetta I ha governato da sola l'Inghilterra così bene che la sua epoca prende il nome di *Golden Age* e alcuni pensavano fosse un uomo perché si credeva che una donna non avrebbe mai potuto fare un lavoro così buono. Del resto le donne non sanno governare, lo sa chiunque. Olympe de Gouges ha scritto la *Dichiarazione dei diritti della donna e della cittadina* ed è stata ghigliottinata perché, sciocchina, si ostinava a lottare per i diritti delle donne. Caterina di Russia si guadagnò il soprannome "la grande" dimostrandosi una sovrana ben migliore del marito. Rita Levi Montalcini ha vinto il Nobel per la medicina. Marie Curie ha invece vinto ben due premi Nobel. Rosa Parks è stata una grande attivista per i diritti delle persone afroamericane. Samantha Cristoforetti è stata la prima donna italiana a entrare nell'Agenzia spaziale europea. Malala è stata la vincitrice del premio Nobel più giovane di sempre.

E non pensare che solo la storia ci offra delle grandi donne, anche la letteratura, l'animazione e i film possono fornire un sacco di spunti! Jo March è la ragazza che lotta per la sua indipendenza in *Piccole donne*, Princess Mononoke ha una forza e una determinazione encomiabili, Leila non esita a combattere da sé, Katniss si sacrifica per la sorella e si mette a capo di una rivolta, Hermione è intelligente e non ha bisogno di essere salvata da nessuno.

Siamo abituate a studiare una storia fatta da uomini e a leggere libri in cui spesso il protagonista è un uomo, ma basta aguzzare un momento lo sguardo per vedere che il mondo reale e anche quello di finzione sono pieni di donne a da cui prendere spunto. Sono sicura che se cerchi bene, troverai anche il tuo modello, la tua ispirazione.

Insegniamo alle bambine a essere autonome!

Forse l'insegnamento più marcio che portano avanti le principesse è la completa e assoluta mancanza di autonomia da parte di una ragazza. Le principesse non prendono mai l'iniziativa, non fanno mai la prima mossa e spesso aspettano e basta. Posso davvero pensare che una bambina cresca intraprendente e autonoma se ha questi modelli? Assolutamente no!

Spesso si vedono bambini sicuri e spavaldi, mentre le bambine sono più paurose e impacciate. Si sente infatti dire che i maschi sono più autonomi mentre le femmine hanno più bisogno di una mano. Del resto film e telefilm ci hanno educato proprio bene: quante volte abbiamo visto donne elemosinare la forza bruta di un uomo per aprire un barattolo? Quante volte abbiamo visto ragazze in panico di fronte a una semplice lampadina da cambiare? Hai presente le urla disperate che si sentono nei film quando una donna vede uno scarafaggio? Non ti senti un po' svilita di fronte a queste immagini femminili? Ti senti rappresentata? Tu sei così?

Io te lo dico: secondo me non c'è nulla di più umiliante di una ragazza che fa le moine per farsi aiutare da un giovanotto. È il momento che tu capisca che non puoi essere trattata alla pari di un uomo se di fronte a una piccola difficoltà richiedi l'aiuto di un maschio come se tu fossi una bambina in difficoltà. Non ti voglio obbligare a essere un robot completamente autosufficiente, ma semplicemente a darti da fare. Se hai un problema, studialo e cerca una soluzione. Se poi sei in difficoltà, chiedi aiuto, ma fallo perché hai bisogno, non perché sei una femmina e quindi certe cose non le sai fare. Inizia a scolpirti nella mente che tutte le persone sono capaci di fare un mucchio di cose indipendentemente dal fatto che siano uomini donne o altro.

Cresciamo con l'idea che i maschi siano più indipendenti e autonomi delle femmine, ma impariamo una buona volta che questa convinzione è sbagliata.

Ricordati bene di impegnarti e di guadagnarti la tua autonomia. Cerca di raggiungere con le tue forze i tuoi obiettivi e abbi l'umiltà di chiedere aiuto se non ce la fai, non perché sei una femmina e quindi debole in partenza. Bada che hai le stesse potenzialità di un ragazzo e sappi che con le tue forze puoi raggiungere traguardi che forse non immagini nemmeno. Non limitare i tuoi obiettivi perché pensi che una ragazza non sia abbastanza, ma punta in alto e rimboccati le maniche!

I maschi da una parte e le femmine dall'altra!

Ti avvertito: stiamo per imbatterci in una bella gatta da pelare. Abbiamo sostenuto che i maschi e le femmine dovrebbero ricevere lo stesso trattamento e che dividere tutto in “cose da maschi” e “cose da femmine” può essere riduttivo e inutile.

Eppure a un certo punto della tua vita hai iniziato a frequentare un luogo in cui spesso sono molto evidenti le differenze tra maschi e femmine. Sto parlando della scuola. Non ci credi? Durante l’infanzia siamo abituati e abituate a dividere nettamente maschi e femmine per colori, passioni, giochi o altro. Osservando i preadolescenti e poi gli adolescenti, pare diverso anche il modo in cui i maschi e le femmine si relazionano con i pari dello stesso sesso. Le femmine stanno spesso sedute vicine, parlottano tra di loro, si abbracciano, si fanno complimenti. I maschi invece cercano un contatto fisico fatto di “amichevoli” spintoni e pacche, giocherellano a calcio tra di loro, si spingono, si tirano spassosi pugni e se dici loro che le mani si tengono in tasca, iniziano a prendersi a calci. La parte peggiore è che credono di essere pure super simpatici a dirlo. Pensiamo al modo in cui si comportano gli studenti e le studentesse in classe; anche in questo caso sembrano esserci differenze. Le femmine sono ordinate, tranquille, silenziose, intervengono poco mentre i maschi sono disordinati, vivaci, irrequieti, intervengono molto di più delle compagne.

Ti vedo già sussultare sulla sedia urlando stizzita: “Ma non è vero! Non siamo tutte così!” Hai dannatamente ragione: ogni persona ha il sacrosanto diritto di comportarsi come le pare. Basta essere gentili, mi piace dire. Però non prendiamoci in giro: esistono delle tendenze relazionali e comportamentali tra maschi e femmine. Se osservassimo i cortili di dieci scuole diverse, sarebbe più probabile vedere i maschi in mezzo a giocare a calcio e le femmine negli angolini o sui gradini a chiacchierare[11].

Il punto è che i ragazzi e le ragazze crescono pensando di essere molto più diversi e diverse di quello che sono in realtà e diventano grandi con l'idea di far parte di due universi inconciliabili. Già dall'adolescenza si sente dire che "le femmine sono troppo complicate, beato chi le capisce" e che "i maschi non capiscono nulla, bisogna sempre spiegare loro tutto". In questo modo le differenze tra maschi e femmine diventano sempre più abissali e le persone è come se fossero coinvolte per tutta la vita in un'interminabile partita a palla due fuochi maschi contro femmine. Ragiona bene: perché ci sono queste differenze? Possiamo forse ipotizzare che come i corpi maschili e femminili sono diversi, così anche i cervelli sono differenti? Le evidenti differenze comportamentali tra maschi e femmine sono dunque una stretta conseguenza dell'esistenza di un cervello maschile e di uno femminile?

Il cervello maschile e quello femminile sono uguali o diversi?

Facciamo una premessa. Spesso le scienze che si occupano del cervello sono soggette a mode e correnti di pensiero. Ciò significa che nel corso della storia alcune discipline scientifiche sono state usate non per la ricerca, ma per supportare alcune idee.

---

11 I. Marañón, *op. cit.*

Per esempio la craniometria, una pseudoscienza basata sulle misurazioni del cranio, è stata spesso utilizzata per giustificare la superiorità dei bianchi sui neri oppure degli uomini sulle donne[12].

Esaminare il cervello è fondamentale nella millenaria diatriba tra uomini e donne perché parliamo dell'organo che presiede i nostri comportamenti e pensieri. Da una parte è indubbio che il cervello abbia delle varianti sessuali perché presiede alle funzioni riproduttive. Tuttavia il cervello si evolve anche grazie alle esperienze e alla cultura in cui nasciamo ed è proprio questo il punto su cui noi dobbiamo soffermarci[13]. Le differenze che percepiamo tra uomini e donne sono biologiche o sociali? Le ragazze e i ragazzi hanno spesso comportamenti e modi di pensare diversi perché i loro cervelli sono differenti o perché ci sono condizionamenti sociali?

In passato si pensava che la dimensione del cranio corrispondesse all'intelligenza dell'individuo. Le donne hanno spesso un corpo più piccolo rispetto a quello maschile, testa compresa. Di conseguenza per molto tempo si è pensato che le donne fossero più sceme degli uomini perché avevano la testa più piccola. La parte più sconcertante è che teorie simili erano portate avanti da veri e propri scienziati come Paul Broca che nel 1861 mette nero su bianco che "non dobbiamo dimenticare che le donne sono, in media, un po' meno intelligenti degli uomini,

---

12 C. Vidal, D. Benoit-Browaeys, *Il sesso del cervello. Vincoli biologici e culturali nelle differenze tra uomo e donna*, Dedalo, 2006.

13 Ivi.

una differenza che non dobbiamo esagerare ma che, nondimeno, è un fatto reale. Siamo quindi autorizzati a supporre che le dimensioni relativamente modeste del cervello femminile dipendano in parte dall'inferiorità fisica e in parte da quella intellettuale"[14].

Immagina per un momento Broca che passa la vita a misurare le dimensioni del cranio di gente morta ed esulta quando la testa di una donna morta è più piccola di quella di un uomo deceduto. E pensa che quando gli è stato fatto presente che non esiste un collegamento scientifico tra dimensione della testa e intelligente, quel simpaticone ha fatto orecchie da mercante. Tra l'altro noi sappiamo che il cervello umano pesa in media 1350 grammi e quello di Einstein, considerato uno dei più grandi geni di sempre, aveva un peso di 1215 grammi. Beccati questa, Broca.

Ricordiamoci anche che lo psicologo e antropologo Gustave Le Bon nel 1879 scrive che "senza dubbio esistono donne di notevole talento, superiori all'uomo medio, ma esse sono eccezionali come la nascita di una qualsiasi mostruosità, per esempio un gorilla a due teste, e possiamo quindi evitare di prenderle in considerazione"[15].

Negli anni '70 del '900 è stata elaborata la teoria dei due cervelli. Le differenze tra uomini e donne sarebbero così ascrivibili al fatto che il cervello femminile ha l'emisfero sinistro più svi-

---

14 S.J. Gould, *Intelligenza e pregiudizio. Contro i fondamenti scientifici del razzismo*, Il Saggiatore, 2016.

15 Ivi.

luppato, mente quello maschile, il destro. Benché questa teoria abbia avuto un largo seguito, è stata confutata da ricerche successive[16].

Ok, ferma le risate per un momento. È facile deridere le false credenze del passato, eppure anche oggi c'è molta pseudoscienza nell'aria: le donne sono per natura più socievoli ed emotive, mentre gli uomini sono più competitivi e capaci di orientarsi. Il cervello maschile percepisce meglio gli spazi, per questo le donne non sanno parcheggiare. Il cervello femminile è invece più materno e capace di capire le emozioni. Del resto è ben noto: le donne vengono da Venere, gli uomini da Marte.

Torniamo così al nostro punto di partenza: spesso ci sembra che gli uomini e le donne abbiano comportamenti, interessi e caratteri diversi. Ciò si deve al fatto che il cervello maschile e quello femminile sono diversi? Oppure queste differenze sono una conseguenza del modo in cui bambini e bambine sono cresciuti e cresciute?

Prima di tutto è bene che tu sappia che quando si osserva un cervello umano durante un'autopsia, non ci sono segni esteriori in grado di farcene capire il sesso. La morfologia cerebrale varia da individuo a individuo, ma non ha caratteri distintivi dati dal sesso[17].

Giulio Maira, direttore dell'Istituto di Neuro-

---

16 J.E. Foss, *Is There a Natural Sexual Inequality of Intellect? A Reply to Kimura*, "Hypatia", 11(3), 1996: pp. 24-46; L.J. Rogers, *Sexing the Brain: The Science and Pseudoscience of Sex Differences*, "The Kaohsiung Journal of Medical Sciences", 26(6), 2010: pp. 4-9.

17 C. Vidal, D. Benoit-Browaeys, *op. cit.*

chirurgia Policlinico Gemelli di Roma, afferma che il cervello maschile ha un peso e un numero di neuroni maggiore rispetto a quello femminile. Il cervello femminile invece possiede aree cerebrali con almeno il 10% di neuroni e connessioni in più. Il cervello maschile avrebbe più materia grigia, quello femminile più materia bianca[18]. Un team dell'Università di Cambridge ha eseguito una revisione su 126 articoli pubblicati dal 1990 al 2013 e sono state individuate differenze biologiche tra il cervello maschile e quello femminile. Gli studiosi inglesi hanno affermato che queste caratteristiche avrebbero delle conseguenze nell'atteggiamento. Così le donne sarebbero più flessibili, accurate, emotive e riflessive, mentre gli uomini risulterebbero rigidi, frettolosi, razionali, pragmatici[19]. Altri scienziati affermano che spesso gli uomini sono più aggressivi delle donne a causa del testosterone fetale[20]. Dall'Università del Wisconsin la ricercatrice Janet Shibley Hyde precisa invece che "maschi e femmine sono uguali, fatta eccezione per piccole variabili psicologiche". Al tempo stesso uno studio eseguito da italiani dell'Università di Torino, pubblicato sulla rivista "Public Library of Sciences" sostiene che "l'idea che ci siano solo piccole differenze di personali-

---

18 G. Maira, "La scienza spiega il cervello delle donne: ecco perché Eva è empatica e «multitasking»", Sanità24, 2014.

19 F. Fiore, "Il cervello di uomini e donne: quali le differenze?", State of Mind, 2014.

20 C. Fine, *Maschi = femmine. Contro i pregiudizi sulla differenza tra i sessi*, Ponte alle Grazie, 2011.

tà fra uomini e donne va ripensata perché è basata su metodi inadeguati". Gina Rippon afferma invece che non ha senso parlare di un cervello maschile e di uno femminile perché, pur esistendo differenze biologiche, i loro effetti sono largamente sopravvalutati[21]. La scienziata pensa infatti che dividere i cervelli umani in due grandi categorie fisse sia il modo migliore per rafforzare e accrescere stereotipi di genere e pregiudizi.

A oggi insomma la comunità scientifica non è d'accordo sulla relazione tra sesso e cervello e di certo non spetta a noi risolvere il problema. Io non ne sarei mai in grado.

In generale possiamo dire senza problemi che esistono delle differenze tra il corpo maschile e quello femminile, cervello incluso. A noi preme cercare di capire l'incidenza di tali diversità. Le differenze in cui ci imbattiamo quotidianamente sono biologiche o credenze comuni senza basi scientifiche?

Allora il mondo è spaccato a metà?

Quando si parla di cervello femminile o cervello maschile si assume che le differenze di genere nel cervello siano nette e coerenti. Si pensa infatti che tutte le femmine del mondo abbiano il cervello femminile e tutti i maschi quello maschile. Sappi che spesso il mondo reale è come un test a risposta multipla: le risposte con "tutti", "nessu-

---

21 G. Rippon, *The Gendered Brain. The new neuroscience that shatters the myth of the female brain*, Bodley Head, 2019.

no", "assolutamente" sono sempre sbagliate.

In alcune ricerche scientifiche sono state usate risonanze magnetiche su cervelli maschili e femminili per cercare di evidenziarne le differenze. Contrariamente a quanto ci si aspettasse, non sono state individuate differenze lampanti[22].

L'Università di Tel-Aviv, il Max Planck Institute for Human Cognitive and Brain Sciences a Lipsia e il Dipartimento di Psicologia a Zurigo hanno studiato le analisi di risonanza magnetica condotte su oltre 1400 cervelli umani e hanno scoperto qualcosa di stupendo. Esiste una vasta sovrapposizione tra le distribuzioni delle caratteristiche del cervello femminile e maschile. Ciò significa che sono rari o forse inesistenti i cervelli con sole caratteristiche maschili o con soli tratti femminili.

Il punto fondamentale è che i geni sono importanti per lo sviluppo embrionale, per la formazione degli emisferi, del cervelletto e degli altri organi cerebrali. Tuttavia le connessioni neuronali e le sinapsi non dipendono dai geni, ma dall'esperienza e dalla vita del singolo individuo[23].

Il cervello umano è plastico, ossia costantemente modificabile. Ogni individuo è unico e il suo modo di essere, ragionare e agire non è conseguenza del sesso, ma risultato di una serie di fattori biologici, storici, sociali, culturali, personali. Ciò significa che spesso ci comportiamo in un certo modo perché veniamo educati ed edu-

---

22 C. Vidal, D. Benoit-Browaeys, *op. cit.*

23 Ivi.

cate secondo alcuni modelli e non perché siamo per natura in una data maniera. Il cervello è la sede del pensiero e questo è spesso determinato dalle esperienze che facciamo e dalla nostra educazione. Il nostro cervello non è quindi già formattato sulla base del sesso, ma si forma mentre noi cresciamo.

Per questo motivo possiamo affermare che non esiste determinismo nel cervello. Il determinismo è un modo di pensare per cui ogni evento è conseguenza di un fatto naturale. Per il determinismo, quindi, io mi comporto in un certo modo come conseguenza del modo in cui il mio cervello di donna è strutturato. Il punto invece è che io sono una donna con certi geni e certi ormoni, ma il mio cervello e il suo funzionamento non sono una stretta conseguenza del mio sesso, bensì di un insieme di fattori come la cultura in cui sono nata e le esperienze che ho vissuto. In definitiva ciascun individuo ha una modalità specifica, personale e culturale per organizzare i propri pensieri. Proprio in virtù di questa grande variabile individuale è molto difficile trovare differenze di funzionamento tra i due sessi[24].

Cervello maschile vs cervello femminile: chi vince?

Giungiamo ora alla parte più complessa della discussione. Spesso siamo abituati e abituate a collegare il concetto di diversità con quello di

---

24 Ivi.

superiorità. Se maschi e femmine sono diversi, chi è migliore?

In natura le differenze sono varietà neutre: ci sono molti alberi diversi, ma un melo non è migliore di un pero, sono semplicemente alberi diversi. Il problema è che uomini e donne presentano delle differenze biologiche neutre che però nel corso dei secoli sono state socialmente amplificate e messe in gerarchia. La differenza tra uomo e donna è così passata troppo spesso per superiorità maschile e inferiorità femminile. Baron-Cohen (no, non è quello del film *Borat*) afferma che "anche se ci sono chiare differenze strutturali cerebrali tra i maschi e le femmine un importante ruolo è svolto dall'ambiente e dalla società nella quale si vive"[25]. Ciò significa che le differenze tra uomo e donna esistono in natura, ma sono ingigantite dalla società. Forse questo può essere destabilizzante, ma sappi che maschi e femmine ci sono presentati con differenze non oggettive o naturali, ma semplicemente assunte.

Facciamo un esempio: pensiamo al rapporto tra intelligenza e genere. Non esiste nessuna prova scientifica che l'intelligenza sia legata al sesso, eppure la maggior parte delle bambine si convince sin da piccola di essere più stupida di un coetaneo maschio[26]. Forse ti starai chiedendo da dove le bambine abbiano ricavato la convinzione di essere più stupide dei maschi. Esplicitamente

25 S. Baron-Cohen, *Questione di cervello. La differenza essenziale tra uomini e donne*, Mondadori, 2004.

26 I. Marañón, *op. cit.*

nessuno dice alle bambine che non sono sveglie, ma pensaci bene: chi sono i personaggi più intelligenti nelle serie? Sherlock Holmes, Stewie Griffin, Spencer Reid, Sheldon Cooper, Malcolm, L di Death Note, Dexter, Benjamin Linus, Patrick Jane. E se cercassimo chi sono le persone più intelligenti della storia? Troveremmo Galileo Galilei, Bobby Fischer, Wittgenstein, Pascal, Leibniz, Leonardo da Vinci, Goethe. Lisa Simpson, Hermione e Madame de Staël sono un'eccezione, spesso sembrano quasi dei fenomeni da baraccone. Insomma: se mostro alle bambine serie tv, cartoni o eventi storici in cui le persone intelligenti sono solo maschi, è come se nel cervello femminile si creasse l'equivalenza per cui sei intelligente solo se sei maschio.

E no, non serve a nulla il contentino delle femmine che, accidenti, sono più emotive e hanno il cuore più grande. Vogliamo lo stesso rispetto dato ai maschi, non il sistema cardiaco di Doctor Who. Vogliamo essere considerate tanto intelligenti quanto un uomo perché lo siamo.

Quando le differenze sono più sociali che biologiche

Chiamiamo *bias* una distorsione della percezione, ossia una convinzione errata che abbiamo in testa e che consideriamo come una verità indiscutibile. È necessario interrogarsi su ogni convinzione riguardante il genere perché nella maggior parte dei casi si parla di un costrutto sociale e non di un discrimine autentico. Quando ti trovi di fronte a qualcosa che non viene ritenuto adatto alle femmine, chiediti se questa opinione ha fondamenti scientifici o se è solo una convinzione. Ti avverto che nella maggior parte dei casi la risposta corretta sarà la seconda. Non ci credi? Permettimi un paio di esempi.

In Italia solo il 24,7% dei posti manageriali è occupato da donne[27]. Secondo te ciò si deve al fatto che il cervello delle donne non ha capacità dirigenziali o perché si crede ancora che le donne siano più fragili, emotive e volubili? Come scrive Caroline Perez, in una coppia la donna passa più tempo a svolgere le pulizie[28]. Secondo te questo dato si basa sul fatto che la donna è biologicamente più predisposta alle pulizie o perché per secoli le femmine sono state gli angeli del focolare e il cervello umano è molto pigro a cambiare? Si pensa che le donne siano più imbranate a guidare. Ciò si deve al fatto che i riflessi delle donne sono biologicamente peggiori di quelli maschili o perché si ritiene che guidare sia un'attività da maschio? E perché nessuno si ricorda mai che ci sono donne pilota? Maria Teresa de Filippis è stata la prima donna italiana a guidare in Formula 1, Amelia Earhart ha portato a termine da sola la traversata dell'Atlantico nel 1928 e del Pacifico nel 1934. Si crede che le donne

27 *IV Rapporto sull'imprenditorialità femminile*, Unioncamere, 2020.

28 C. Criado Perez, *Invisibili. Come il nostro mondo ignora le donne in ogni campo. Dati alla mano*. Einaudi, 2020.

siano fragili, ma sappiamo sopportare il dolore del parto. Siamo davvero più deboli o forse è una convinzione che è ora di abbandonare?

C'è un aspetto pericoloso della plasticità del cervello. Se infatti nasciamo in una società sessista, il nostro cervello e il nostro pensiero si formeranno inesorabilmente su esperienze e pensieri sessisti che potremmo considerare come verità. Inizia a capire questo: spesso le donne devono fronteggiare una serie di pregiudizi che però non hanno fondamento scientifico.

Se a questo punto sei arrabbiata, vuol dire che hai capito il problema.

Cervello, sinapsi, esperienze, educazione

Se il cervello è plastico e se le sinapsi si basano sulle esperienze, cosa succede se metto un bambino o una bambina in un mondo in cui gli stereotipi di genere sono forti? Succede un disastro. I maschi e le femmine nella maggior parte dei casi si comportano in modi diversi non perché ciò sia naturale, ma perché i cervelli assorbono ciò che li circonda. E sì, i nostri cervelli sono circondati da ogni lato da stereotipi di genere.

Se un bambino gioca all'aria aperta, si creeranno e svilupperanno nel suo cervello delle sinapsi che lo faranno orientare bene. Se invece le bambine giocano con le bambole, si creeranno e svilupperanno nel suo cervello le sinapsi del linguaggio. Si dice quindi che le donne non hanno senso dell'orientamento e che gli uomini non sanno comunicare perché i cervelli sono stati educati in modo diverso e non perché siano strutturati in modo differente. Molto spesso si assume che differenze come queste siano conseguenza di due cervelli del tutto differenti, ma sono l'educazione e la cultura a giocare un ruolo fondamentale[29]. Sappi che esistono grandissime differenze anche tra il cervello di un rugbista e di un cuoco che condividono lo stesso sesso perché i due individui hanno avuto educazione ed esperienze diverse.

Alcuni studiosi hanno visto che spesso gli uomini ottengono risultati più alti nei test di orientamento e le donne in quelli di fluenza linguistica. Tuttavia se tali test vengono riproposti dopo una settimana durante la quale le persone coinvolte si sono allenate, le differenze scompaiono[30]. Ciò significa che le differenze di pensiero, abilità o comportamento che spesso vediamo tra uomini e donne sono molto meno naturali e molto più indotte di quello che pensiamo.

Cosa possiamo fare?

L'obiettivo è semplice da enunciare: bisogna considerare la varietà come ricchezza senza costruire una gerarchia di valore. Se io sono diversa da te, non devo essere necessariamente migliore o peggiore. Sarebbe bello vivere in un mondo che mette al primo posto la realizzazione della persona attraverso delle pari opportunità. A

---

29 C. Vidal, D. Benoit-Browaeys, *op. cit.*

30 Ivi.

volte sembra che nemmeno Tolkien avesse tanta fantasia.

Prima di essere maschi e femmine, siamo esseri umani e tra gli esseri umani ce ne sono alcuni intelligenti, alcuni simpatici, alcuni antipatici, ma queste caratteristiche non dipendono dal sesso. Se qualcuno ti metterà mai in una posizione subalterna perché sei una femmina, punta i piedi e alza la voce perché non è giusto. Non ti sto dicendo che tutto ti sarà dovuto perché sei femmina; dovrai impegnarti, rimboccarti le maniche e saper prendere ciò che ti meriti. Se un ragazzo ottiene un lavoro al tuo posto perché è più bravo di te, vuol dire che devi migliorare, ma se tu vieni scartata per una professione perché sei femmina, c'è tutto il marcio del mondo. Inizia ad allenarti a individuare tutte quelle situazioni in cui ti senti trattata diversamente perché sei femmina e non aver paura né di dirlo ad alta voce, né di rimanerci male, né di chiedere aiuto.

Però sui libri di scuola ci sono solo uomini!

C'è una faccenda di cui mi sono accorta da poco ma che è sconcertante. In realtà è anche inquietante che me ne sia accorta solo ora, ma di certo non spicco per acume. Quando correggo i temi mi capita di leggere storie scritte in prima persona da ragazze nei panni di un maschio ma, a meno che la consegna non lo richieda esplicitamente, non ho mai letto un tema di un ragazzo che si finge una ragazza. Se chiedo di scrivere un tema di avventura in prima persona, i ragazzi scriveranno dal punto di vista di un maschio, ma anche molte ragazze opteranno per questa soluzione. Perché?

Be', ci siamo sentite dire per secoli che gli uomini sono fichissimi, avventurosi e coraggiosi. Abbiamo montagne di libri di scuola che parlano dei grandi traguardi dell'umanità raggiunti solo da uomini. Ne consegue che se dobbiamo scegliere un punto di vista, spesso ci sembra automatico prendere quello di chi è in grado di combinare qualcosa che non sia rassettare, cucire, partorire. Il problema è che le ragazze sono scarsamente rappresentate e sono abituate a studiare, leggere, guardare film costruiti dal punto di vista di un uomo che quindi diventa la prospettiva più comune e "normale".

Soffermiamoci un momento sulla scuola: i libri di testo parlano praticamente solo di uomini. Basti pensare alla storia o alla letteratura. I grandi condottieri, i combattenti, i capitani, i politici, gli strateghi sono tutti uomini. I grandi scrittori non sono di certo donne. Dante, Petrarca, Boccaccio, Ariosto, Tasso, Machiavelli, Alfieri, Parini, Goldoni, Foscolo, Leopardi, Manzoni, Pascoli, D'annunzio, Svevo, Pirandello, Ungaretti, Quasimodo, Pavese e tutti gli altri sono indubbiamente uomini. Come è possibile? Se uomini e donne fossero davvero dotati di un'intelligenza simile, avremmo una consistente presenza di donne nei libri di scuola. Ah, lo so che nei libri di testo vengono esaminate anche alcune donne, ma non prendiamoci in giro: la maggior parte dei tizi famosi sono uomini.

Un giorno in classe ho chiesto perché sui libri di scuola si parli molto più di uomini che di donne e gli studenti e le studentesse mi hanno risposto con grande semplicità. Le donne non hanno potuto fare niente per secoli, nemmeno andare a scuola. In effetti è evidente che se non sono istruita, è un po' difficile che inventi qualcosa di utile. Poi quasi tutto il libro di storia parla di guerre e le donne, visto che sembrano più deboli, in guerra non ci vanno.

La faccenda parte di certo da qui, ma è molto più complicata.

In primo luogo le donne non hanno ricevuto istruzione per molti secoli e una persona che sa a malapena leggere e scrivere difficilmente diventerà una scrittrice. Una donna che viene tenuta in casa a cucire, cucinare, accudire bambini può forse scrivere un poema in endecasillabi o progettare un razzo per andare sulla Luna? Spesso le grandi scoperte sono frutto di anni di studi e questi sono mancati per secoli alle donne, è un dato di fatto. Quando poi l'istruzione ha iniziato a diventare prerogativa anche femminile, la strada è stata comunque in salita. La prima donna italiana a essersi laureata è stata Elena Lucrezia Cornaro Piscopia nel 1678. Ufficialmente, le donne vengono ammesse all'università al pari degli uomini nel 1874. La prima donna italiana a essersi laureata in medicina, ossia in una "roba da maschi", è Ernestina Paper nel 1877. Emma Strada è invece la prima donna a essersi laureata in ingegneria in Italia nel 1908. Ti renderai di certo conto che parliamo di date piuttosto recenti. Per secoli alle bambine si insegnava solo quello che sarebbe servito loro per essere delle buone donne di casa, spesso si pensava addirittura che le donne fossero troppo fragili per proseguire con gli studi; del resto a cosa serve leggere tanti libri se passerai la vita tra le mura domestiche? Ancora all'inizio del '900 si pensava che l'identità, il temperamento e l'intelligenza femminile fossero così marcatamente diversi da quelli maschili da imporre necessariamente un approccio educativo diverso e quindi l'esistenza di classi maschili e femminili[31]. Esistevano scuole miste per esempio nel mondo rurale, nei ginnasi-licei e nelle scuole tecniche; ciò però serviva a ovviare il basso numero di iscrizioni, non di certo ad avviare un programma di coeducazione[32]. La presenza di classi o scuole esclusivamente femminili creava una sorta di ghettizzazione: mentre i maschi si istruivano per conoscere il mondo, le femmine imparavano a essere delle brave mogli. Pensa che l'insegnamento dell'educazione fisica è stato diviso per sesso fino al 1990. Sappi inoltre che a oggi ci sono più di 130 milioni di bambine e ragazze che non vanno a scuola[33]. Mi rendo conto che la scuola sia a volte un'immensa palla al piede, ma sappi che analfabetismo, igno-

---

31 T. Pironi, *Coeducazione e classi miste: un interessante terreno d'indagine per la storia della scuola in Italia*, Centro Italiano per la Ricerca storico-educativa.

32 Ivi.

33 "L'istruzione femminile", Unicef.

ranza, mancanza di diritti e povertà procedono di pari passo.

In secondo luogo pensaci bene: gli uomini sono stati al centro del mondo per così tanto tempo che tutto ciò che non era maschile è stato tenuto agli angoli della storia e dell'istruzione. La prova è che nei libri di scuola non si parla mai delle donne se non in minuscoli capitoletti a parte. Dovremmo dunque pensare che le donne non siano mai esistite? Va bene, le ragazze erano meno istruite dei coetanei, ma forse erano trasparenti? Mentre i soldati si ammazzavano al fronte non esistevano ragazze? Durante la rivoluzione francese non esistevano donne? O forse mentre i maschi facevano la storia, le femmine ricamavano e basta? Le donne sono sempre esistite, in parte non sono state considerate, in parte sono state tagliate loro le possibilità di spiccare il volo.

Ti faccio una domanda importante. Se una bambina vede, studia e sente che le persone che hanno fatto la storia, scoperte, invenzioni sono solo uomini, cosa penserà? Se una ragazza non ha modelli da imitare perché i pezzi grossi sono solo maschi, cosa succederà? Capiterà che le bambine e le ragazze, sotto sotto, penseranno che se sei femmina, non puoi combinare un granché e la storia universale è una prova tanto gigantesca quanto incontestabile. "Non ci sono grandi donne nella storia, perché dovremmo iniziare noi?" O ancora peggio: "Non ci sono grandi donne della storia perché forse le grandi imprese, le scoperte e tutto quanto è un lavoro da maschi e non da femmine. Si vede che noi donne non siamo abbastanza brave o forti".

Certo, per molto tempo le donne sono state zittite, imbavagliate dall'analfabetismo, relegate nei ruoli di moglie e madre. Tuttavia la storia delle donne parla anche di coraggio e di tenacia. Sono esistite donne grandi, coraggiose che hanno dato un contributo importante al mondo. Semplicemente non vengono ricordate. Non mi credi? Hai mai sentito parlare di Ipazia d'Alessandria, Artemisia Gentileschi, Elisabetta I, Caterina II, Madame de Staël, Indira Gandhi, Nilde Lotti, Rosa Parks, Emmeline Pankhurst, Alda Merini, Elsa Morante, Antonia Pozzi, Patrizia Cavalli? Questi sono solo alcuni dei nomi di donne importanti dal punto di vista scientifico, politico o letterario. Si tratta di persone che hanno dato un grande contributo all'umanità, eppure sii sincera, le conosci tutte? La metà? Almeno un paio?

Io non leggo i libri da femmina!

Non limitiamoci a parlare dei testi scolastici.

A scuola sono abituata ad assegnare alcuni libri mensili che poi vengono discussi in classe. A volte, quando tutti i pianeti sono allineati, alcune studentesse e alcuni studenti leggono per davvero il libro intero e non si limitano a cercare il riassunto su internet! Ah, le gioie dell'insegnamento! A ogni modo, ora devo ammettere una mia colpa. Una delle tante. In classe non mi sono mai fatta problemi ad assegnare la lettura di un libro scritto da un personaggio maschile, mentre mi sono fatta scrupoli a fare il contrario. Ricordo che una volta ho assegnato la lettura di un libro scritto dal punto di vista di una ragazza ma a questo ho affiancato un testo che affrontava la stessa tematica, ma dal punto di vista maschile. Ovviamente la scelta tra i due libri era libera, ma non è necessario che ti spieghi quale hanno letto i miei studenti maschi. Mi sento abbastanza stupida ad ammetterlo, ma l'avevo fatto perché temevo che i miei ragazzi non si sarebbero sentiti a loro agio a mettersi nei panni di una donzella. Eppure non mi ero preoccupata quando avevo letto in classe *Lo Hobbit* in cui i personaggi sono praticamente tutti maschili, non ho avuto rimorsi nel far vedere in classe *Akira* che è un anime al maschile. Solo un paio di anni dopo mi sono accorta di questo mio errore, o meglio, di questo stereotipo che avevo interiorizzato. Ero infatti convinta che lo sguardo femminile fosse complicato, poco attraente e adatto solo alle ragazze. Per me era ovvio che lo sguardo maschile fosse quello universale, accattivante e desiderabile mentre quello femminile settoriale e adatto a poche persone. A dirla tutta, quando andavo alle medie ero addirittura orgogliosa di essere appassionata di "cose da maschio" perché pensavo mi rendessero una persona più forte e, in generale, migliore. Ora che lo scrivo, mi sembra strano che questi pensieri fossero nascosti nella mia mente, ma ricordi? Abbiamo detto che diventare femministe vuol dire ragionare e cambiare il modo in cui siamo abituate a pensare. Evidentemente io ero abituata a pensare che ci fossero cosa da maschi e cose da femmine e delle due, ahimè, ero convinta che le prime fossero le migliori. Spero che tu capisca e smascheri prima di me questo dannato file corrotto che abbiamo nel cervello.

Raramente invitiamo i ragazzi a immedesimarsi in un personaggio femminile e poi ci lamentiamo se i maschi trovano le femmine difficili e incomprensibili. I ragazzi vengono tenuti lontani dalla prospettiva femminile poi ci indigniamo quando constatiamo che sin da piccoli i bambini reputano le cose “da femmina” come varianti scarse di quelle “da maschi”. Sentiamo spesso dire che le bambine sono delicate e hanno interessi vanitosi e frivoli: è forse sorprendente che nessun bambino si avvicini spontaneamente a questa prospettiva? Tu ti avvicineresti a qualcosa che ti hanno insegnato essere vanesio, frivolo, debole e poco importante? No ed è questo il nocciolo della faccenda.

Perché un ragazzo medio non leggerebbe mai *Piccole donne* mentre una ragazza affronterebbe senza problemi la lettura del *Giovane Holden*? Perché è normale che una ragazza vada a vedere un film che ha per protagonisti uomini, ma non il contrario? Sono cresciuta leggendo *Harry Potter* e *Il Signore degli anelli* e non sono mai stata turbata dal fatto che il punto di vista fosse quello maschile. Anzi, a volte mi sembrava del tutto normale perché se si parlava di avventure, era ovvio che si raccontasse di un maschio, no? Se prendevo tra le mani un libro con protagoniste femminili, mi aspettavo qualcosa di stucchevole, melenso, una storia d’amore che gli stereotipi di genere mi avevano insegnato essere sia appannaggio femminile, sia materia inferiore alle avventure salva-universo. In poche parole: il mondo mi aveva insegnato che ci sono i libri che parlano di avventure grandiose e di storie d'amore noiose e vuote. Tra le due le più importanti sono le prime e, visto che i maschi sono coraggiosi e le femmine deboli, i protagonisti dei racconti più appassionanti sono destinati a essere sempre dei ragazzi.

Siamo abituati e abituate sin dall'infanzia a pensare ai maschi come coraggiosi e alle femmine come delicate. Da bambine ci sembra quindi automatico essere attratte dai libri con protagonisti maschili perché saranno avventurieri impavidi, mentre i libri che parlano di femmine sono poco attraenti per bambini e ragazzi perché si pensa che parlino solo di trucchi e stupidaggini. In questo modo si consolida l'idea che il mondo maschile sia quello a cui ambire, mentre quello femminile sia l'alternativa scarsa da evitare, da relegare in un angolo come prodotto settoriale. Sotto sotto (ma neanche più di tanto) si consolidano gli stereotipi di genere e una strisciante misoginia che insinua l'idea secondo cui il mondo femminile è leggero e senza rilevanza, mentre le faccende importanti sono maschili. Non ti sale la rabbia a pensare a questo? Non ti senti svilita a essere vista come una bambolina di glitter?

Osserva bene il problema. Se continuo a usare la parola "femminuccia" come un insulto, perché mai un bambino dovrebbe voler leggere un libro che parla di bambine? Se dico che le femmine sono deboli, per quale motivo un maschio dovrebbe leggere *Piccole donne*? Se ribadisco che i sentimenti sono delle scemenze da donne, qualche ragazzo leggerà mai Jane Austen? Se penso che ci sia una netta divisione tra interessi femminili e maschili e sottolineo che i primi sono più vuoti dei secondi, perché un maschio dovrebbe interessarsi a una prospettiva femminile? Gli abbiamo detto in ogni modo che è la scelta di serie B!

Serve davvero fare un'inversione di rotta perché un atteggiamento simile non fa altro che consolidare gli stereotipi di genere e l'idea che il mondo femminile e quello maschile siano inconciliabili e in gerarchia. Dobbiamo allenare i bambini a leggere libri che parlano di ragazze per far loro capire che quello femminile è un punto di vista tanto valido quanto quello maschile. E no, non è vero che per un bambino è difficile immedesimarsi in una bambina perché, perdonami, ho visto un sacco di poppanti immedesimarsi in animali e addirittura in oggetti inanimati. Vorresti forse dirmi che è più facile mettersi nei panni di un treno parlante (ok, ok, ho capito che sorride, ma è sempre un ammasso di ferraglia) che di una bambina?

E poi dovremmo variare la prospettiva femminile. Non posso lamentarmi se le bambine vogliono fare tutte la principessa quando la maggior parte dei prodotti per l'infanzia parla di zuccherose eredi al trono. Dovremmo offrire alle bambine e alle ragazze tanti modelli diversi in modo tale che ciascuna possa scegliere liberamente. Negli ultimi anni l'editoria per l'infanzia ha fatto passi da gigante ed è meraviglioso vedere libri che non parlano solo di principesse, ma anche di scienziate, esploratrici, astronaute, dottoresse, veterinarie o semplicemente di bambine. E se una bambina sceglierà comunque di essere una principessa andrà benissimo, purché l'abbia scelto tra diverse alternative.

Dobbiamo di certo educare i bambini e le bambine a non mettere in gerarchia i prodotti letterari e a fare esercizi di cambio di prospettiva. Bisognerebbe abbandonare il punto di vista unico e puntare alla coeducazione, ossia dare punti di riferimento sia ai ragazzi che alle ragazze. Gli studenti e le studentesse devono vedere e capire che anche le donne possono lavorare, inventare, esplorare, combattere, scoprire, fare rivoluzioni. Devono anche capire che un uomo non è obbligato a essere Rambo, ma può anche essere un casalingo, un papà, un truccatore o qualsiasi cosa voglia. Ognuno deve poter avere tanti modelli diversi per poter scegliere quello che reputa migliore e in cui può riconoscersi.

Spesso le bambine si convincono di essere più deboli dei bambini semplicemente perché non sanno che sono esistite donne forti e coraggiose. Le ragazze sono talvolta meno ambiziose dei ragazzi proprio perché studiano e leggono che le grandi imprese vengono fatte solo da uomini e non sanno che l'eroismo appartiene agli uomini e alle donne nella stessa misura. Bisogna semplicemente creare riferimenti culturali vari, inclusivi e rappresentativi. Le ragazze e i ragazzi possono raggiungere traguardi immensi e per fortuna la storia e la letteratura sono piene di esempi a cui attingere.

Ah, e non venirmi a dire che sei ancora convinta che i libri non servano a nulla!

Le femmine non sono portate per la matematica

Tra gli anni '60 e '70 il sociologo australiano David Chambers ha chiesto a quasi 5 mila bambini di alcune scuole elementari americane di disegnare uno scienziato (*Draw-a-scientist test*). Solo 28 mocciosi hanno disegnato una femmina e la parte peggiore è che non c'è nulla di sorprendente in questo. Abbiamo già detto che secondo uno studio le bambine iniziano a sentirsi meno intelligenti dei coetanei maschi a partire dai sei anni. Detto in poche parole: molte bambine, e poi ragazze, si sentono inferiori ai maschi senza nessuna evidenza scientifica, ma solo perché si pensa così in generale. Sì, è evidente che qui c'è un grosso problema.

Ti è mai capitato di sentire che le femmine sono più portate per le materie umanistiche e i maschi per quelle scientifiche? Ti è mai successo di sentire frasi del tipo: "Eh, non è bravo a scrivere, ma che vuoi farci, è un maschio!" Oppure: "Fa fatica in matematica, ma d'altronde è una femmina, è più brava in italiano!" Il punto fondamentale è che non c'è nessun dato scientifico che dimostri che i maschi siano portati per una materia e le femmine per l'altra. Dunque, da dove provengono queste false credenze? La risposta è semplice: la distinzione tra materie umanistiche e scientifiche ripropone i caratteri degli stereotipi di genere femminili e maschili. Le femmine sono più portate per le lettere perché sono emotive e poco logiche, mentre i maschi sono più abili in matematica perché sono più logici e poco emotivi. Poi te lo dico: il mio cervello urla *kamehameha* quando sente che le lettere non hanno nulla a che fare con la logica, ma cerco di darmi un contegno.

Pensi che questa divisione sia stupidissima, vero? Be', benvenuta nel club! A questo punto mi piacerebbe tantissimo dire che i maschi e le femmine, se studiano e si impegnano, sono ugualmente bravi in tutte le materie. Peccato che i numeri dicano ben altro. Secondo i risultati delle prove Invalsi del 2019, l'Italia è uno dei Paesi in cui i ragazzi vanno meglio delle ragazze nelle discipline scientifiche insieme a Ungheria, Cile, Corea, Giappone, Portogallo[34]. Oggi in Italia le bambine ottengono risultati in matematica mediamente inferiori di 4,5 punti rispetto ai coetanei maschi alle elementari, di -6,1 punti al secondo anno delle superiori e di -9,8 all'ultimo anno[35]. Se vanno peggio in matematica, è strano che solo il 16,5% delle ragazze tra i venticinque e i trentacinque anni si laurei in facoltà STEM

34 *Sintesi dei risultati degli studenti italiani in matematica e scienze*, TIMSS, 2019.

35 *I risultati degli studenti italiani in matematica e scienze*, TIMSS, 2019.

(Science, Technology, Engineering and Mathemathics)[36]? A partire dal 1903 si contano ben 572 premi Nobel in ambito scientifico assegnati agli uomini, rispetto ai soli 17 assegnati a delle donne[37].

Questi dati non lasciano dubbi: le femmine non hanno un buon rapporto con la matematica. Dobbiamo forse accettare che esista una differenza di apprendimento nel cervello maschile e femminile? Dobbiamo quindi arrenderci e ammettere che il cervello dei maschi funziona meglio di quello delle femmine in ambito matematico?

No, perché qualcosa non torna.

Dati alla mano, i ragazzi passano meno tempo a studiare delle compagne e hanno una percentuale di abbandono scolastico maggiore rispetto alle coetanee femmine[38]. Inoltre gli scienziati affermano che non esiste nessun legame tra il sesso e l'apprendimento della matematica[39]. Se le femmine sono più studiose dei maschi e l'apprendimento scientifico non sia differente tra maschi e femmine, come è allora possibile che le studentesse abbiano risultati inferiori ai maschi in matematica? Cosa spinge una ragazza ad ave-

---

36 *Livelli di istruzione e ritorni occupazionali*, Istat, 2020.

37 I. Marañón, *op. cit.*

38 *Differenze di genere nei risultati educativi: Studio sulle misure adottate e sulla situazione attuale in Europa*, Eurydice, 2009.

39 J.M. Kane, J. Mertz, *Debunking Myths about Gender and Mathematics Performance*, "Notices of the American Mathematical Society", 59(1), 2012: pp. 10-21.

re difficoltà in matematica?

Eccoci al punto: spesso il contesto sociale, il grado di emancipazione femminile e i falsi miti portano a scarsi risultati in ambito matematico. Abbiamo già visto che i maschi giocano sin da piccoli con le costruzioni e giochi che stimolano la percezione dello spazio e le abilità logiche. I giochi per le femmine si concentrano invece su altre aree e questa differenza è già una tara in partenza. La questione non si esaurisce qui. L'Ocde dice che le ragazze hanno poca fiducia nelle proprie capacità matematiche e spesso maturano una vera e propria ansia verso la disciplina[40]. Non si arriva a questo risultato solo perché non si gioca con le costruzioni. Il problema è che spesso le femmine sono scoraggiate e sottovalutate sin da piccole in ambito matematico. E stai bene attenta: tendenzialmente nessuno (almeno lo spero) grida in faccia a una bambina che non sarà mai brava con le frazioni perché è una femmina. Stiamo parlando di una serie di condizionamenti impliciti. Ti basti pensare a quanti personaggi di film, telefilm e cartoni animati sono come Penny di *The Big Bang Theory* (almeno all'inizio, poi so che si evolve, ma in realtà ho visto pochi episodi) o Dee Dee del *Laboratorio di Dexter*.

Le bambine nascono e crescono in mezzo a una serie di pregiudizi e se ripeti tante volte una bu-

---

40 A. Devine et al. *Gender differences in mathematics anxiety and the relation to mathematics performance while controlling for test anxiety*, "Behavioral and Brain Functions", 8(33), 2012.

gia, alla fine diventa verità. Ciò significa che se una bambina sente dire tante volte che le femmine fanno schifo in matematica, alla fine finisce per crederci. Insomma, se io sono una ragazza, perché mai dovrei impegnarmi in matematica? Tanto non ci sono portata! Anzi, se sono una ragazza è più probabile che di fronte a un'espressione, mi faccia male la pancia perché, accidenti, è così difficile! Il problema è questo: le femmine fanno spesso più fatica in matematica non perché il loro cervello non sia in grado di risolvere i problemi, ma perché ci hanno insegnato che la matematica è roba da maschi e dunque, durante una lezione di matematica ci sentiamo svantaggiate e stupide in partenza. Se io mi sento stupida, passerò la vita a sottovalutarmi, a pensare di non essere molto intelligente. Questo è anche il motivo per cui poche ragazze intraprendono una carriera scientifica: pensano sin da principio di non essere abbastanza brave, che un percorso simile sarebbe troppo difficile per loro e che, comunque, i maschi sarebbero più bravi.

Cosa possiamo fare?

Una prova di quello che abbiamo detto è che nei Paesi in cui ci sono meno stereotipi di genere le femmine sono tanto brave quanto i maschi nelle discipline scientifiche. Per esempio in Asia gli stereotipi di genere legati alla matematica sono meno diffusi che in occidente e a Hong Kong, Shanghai e Singapore le ragazze hanno risultati simili ai ragazzi in matematica[41].

Genitori e insegnanti dovrebbero stimolare e spronare in modo uguale maschi e femmine in ogni materia. Per essere bravi o brave in matematica, come in qualsiasi disciplina, servono impegno, dedizione ed esercizio e questi tre parametri sono indipendenti dal sesso. Una persona dotata di impegno e buona volontà ha il diritto di emergere in qualsiasi disciplina. Questo significa che molto spesso un 4 preso senza aver aperto il libro è una colpa tua, non del patriarcato.

Questo non significa che ogni ragazza deve essere automaticamente brava in matematica. Ci sono studentesse con scarse capacità logiche, pigre e inadempienti. Il punto è che chiunque deve avere il diritto di poter fare del suo meglio nell'ambito che trova più interessante. Il fatto che tu sia brava in matematica o in italiano non dipende dal fatto che sei femmina. Bisognerebbe chiedersi se il modo in cui ti percepisci dipende solo da te o anche da quello che ti sei sentita dire, e dovresti chiederti fino a che punto hai ciecamente creduto a quello che ti è stato detto.

So di risultare piuttosto ipocrita perché non ho mai fatto nulla nella mia vita in ambito scientifico, non so fare le divisioni in colonna e non ho idea di come funzionino le operazioni con le frazioni. Ti prego però di continuare. So che la paura resta perché le scienze sono un ambito

---

41 I.V.S. Mullis, M.O. Martin, T. Loveless, *20 YEARS OF TIMSS. International Trends in Mathematics and Science Achievement, Curriculum, and Instruction*, Boston College, Chestnut Hill, 2016.

a maggioranza maschile. So anche che una ragazza appassionata di scienze non ha modelli di riferimento femminili perché i libri di scuola parlano solo di scienziati. Ciò non significa che non siano esistite scienziate. Per esempio Tatiana Ehrenfest, Frieda Robscheit-Robbins, Lise Meitner, Gerty Cori, Jocelyn Bell, Sau Lan Wu, Isabella Helen Lugoski sono donne scienziate che hanno collaborato a progetti scientifici vincitori di premi Nobel. Peccato che il premio non sia stato attribuito a nessuna di loro, ma solo agli uomini con cui hanno lavorato. Rosalind Franklin scoprì il dna, Agnes Pockels inventò il metodo quantitativo per misurare la tensione superficiale, Chien-Shiung Wu partecipò alla progettazione della bomba atomica, Margaret Hamilton è un'ingegnera informatica che negli anni '60 guidò il team che sviluppò il software utilizzato poi per le operazioni di atterraggio sulla Luna, avvenuta nel 1969 con l'operazione Apollo 11, Margherita Hack è stata la prima donna italiana a dirigere un osservatorio astronomico, Fabiola Gianotti è la prima donna a essere direttrice generale del Cern. Ah, hai presente il Times? La rivista che ogni anno sceglie la persona più importante degli ultimi dodici mesi? Nel 2020 è stata introdotta la categoria *Kid of the year* e il titolo è stato assegnato a Gitanjali Rao, una scienziata quindicenne che ha inventato un dispositivo che rileva il piombo nell'acqua e un'applicazione che rileva il cyberbullismo online attraverso l'intelligenza artificiale. Durante un'intervista ha affermato: "Non sembro il tipico scienziato. In tv si vede sempre un uomo anziano, di solito bianco come scienziato. Era strano per me, sembrava che le persone avessero assegnato ruoli in base al genere, all'età, al colore della loro pelle"[42].

Ci hanno detto che le femmine non sono brave in matematica e che le donne scienziate sono poche. È ora di dimostrare al mondo che queste sono solo sciocchezze.

È tutta fortuna!

In classe mi capita spesso di vedere le ragazze stupite per i loro bei voti, sgranare gli occhi dopo una bella interrogazione o essere incredule di fronte a un complimento rivolto a loro. Succede anche ai ragazzi, ma statisticamente questo comportamento è più femminile che maschile. Spesso sorrido perché anche io ero così alla loro età. Tuttavia non c'è proprio nulla da ridere.

È giusto insegnare alle bambine e ai bambini che devono guadagnarsi ciò che vogliono e che nessuno regala nulla. È corretto spiegare che per raggiungere un obiettivo bisogna sempre rimboccarsi le maniche e lavorare sodo. Eppure a volte succede qualcosa di bizzarro alla popolazione femminile che prende il nome di sindrome dell'impostore. La sindrome dell'impostore è la condizione mentale di chi raggiunge diversi suc-

---

42 G. Dente, "Una scienziata 15enne in copertina sul Time: Gitanjali Rao è la bambina dell'anno", Fanpage, 2020.

cessi, ma sente di non esserseli meritati[43].

Ti è mai capitato di aver preso un bel voto e di aver esclamato: "Che fortuna"? Ti è mai successo di aver vinto qualcosa e di aver pensato che fosse merito del karma o di qualche magia? Quando raggiungi qualche traguardo ti congratuli con te stessa per l'impegno che ci hai messo o senti che sia tutta fortuna? Stai attenta perché potresti cascare anche tu nella sindrome dell'impostore. La maggior parte delle persone con sindrome dell'impostore è donna. Perché?

Alle bambine si insegna a essere carine, belle e quiete. In questo modo diventeranno ragazze e donne passive, sottomesse, che non sono abituate a lottare per ciò che vogliono. Inoltre spesso le bambine sono meno ambiziose dei coetanei maschi perché viene detto loro che il loro orizzonte è quello casalingo, mentre quello per i maschi è il mondo intero. Alle femmine si insegna a essere prudenti e caute, non a rischiare. Alle ragazze si chiede di essere belle mentre ben poco viene dedicato al loro cervello o alla loro personalità. Succede così che le femmine hanno poca fiducia nelle loro capacità perché non sono mai oggetto di attenzione. In un mondo in cui spesso si pensa che i maschi siano più intelligenti delle femmine, un successo personale sempre più una botta di fortuna che il frutto dell'impegno.

Le bambine devono capire che il successo non è questione di fortuna (almeno non sempre) e nemmeno di genere. Se prendi un bel voto a

---

43 I. Marañón, *op. cit.*

scuola, vuol dire che ti sei impegnata e ti meriti il tuo successo. Bisogna dare fiducia alle bambine e spronarle e combattere e agire per ciò che vogliono. Io te lo dico: non sarai mai brava in tutto e magari non sarai nemmeno eccezionale in diversi ambiti, ma dannazione, ci sarà qualcosa in cui riesci bene. Pensaci un momento per favore. Ricordati di essere consapevole delle tue doti, delle tue qualità e delle tue abilità. Camminerai in un mondo che spesso ti dirà che non sei abbastanza brava, intelligente o brillante e tu impara a fregartene. Questo non vuol dire che non devi migliorarti, anzi. Sono convinta che la vita sia un continuo percorso di arricchimento e di miglioramento ma ti prego, non permettere a nessuno di strapparti i tuoi traguardi. Se ti impegni e sei brava in qualcosa, be', ti meriti tutto ciò che arriva.

Le femmine sono più emotive

I neonati maschi piangono tanto quanto i neonati femmine, ossia tantissimo, decisamente troppo. Il pianto dei poppanti e delle poppanti però, concedimelo, è egualitario: è schifosamente fastidioso sia che provenga da polmoni maschili che femminili. Il problema inizia a svilupparsi con la crescita. Quante volte hai sentito dire che le femmine sono più emotive dei maschi? E che i veri uomini non piangono mai? La domanda a cui dobbiamo dunque dare risposta è: le femmine sono più emotive perché il loro cervello è più predisposto alla comprensione delle emozioni o perché se lo sentono dire sin da quando sono nel passeggino? Ma poi, cosa diavolo vuol dire essere emotivo o emotive? Te lo sei mai sentito dire?

L'emotività è la capacità di provare ed esprimere emozioni; hai presente *Inside Out*? Bene, il punto di partenza è questo. Ricordati che c'è differenza tra emozioni e sentimenti; per ora ti basta sapere che le prime sono più immediate e i secondi più elaborati. Abbiamo già visto che il cervello maschile e quello femminile hanno delle differenze che possono scendere in campo anche parlando di emozioni. Per esempio, Louann Brizendine sostiene che l'aumento degli estrogeni nelle ragazze le renda più abili nel comprendere le emozioni proprie e altrui[44]. Oppure secondo altri studi, il cervello femminile avrebbe alcune aree preposte al processare emozioni più grandi di quelle maschili[45]. Questo significa che le donne sono delle frignone e gli uomini delle rocce? Assolutamente no. Uno studio del Dipartimento di Psicologia dell'Università del Maryland a Baltimora ha dimostrato come infondato il mito che le donne sappiano gestire meno quello che sentono rispetto all'altro sesso[46].

Come già detto, tra uomo e donna ci possono essere alcune differenze biologiche, ma è la so-

---

44 L. Brizendine, Il Cervello delle Donne, Rizzoli, 2011.

45 T. Butler et al. *Fear-related activity in subgenual anterior cingulate differs between men and women*, "Neuroreport", 16(11), 2005: pp.1233-6.

46 B. Gasperini, "Sensibilità e stereotipi di genere: le donne sono più emotive?", Psicologia24, 2016.

cietà a ingigantirle così tanto da far sembrare il mondo maschile e quello femminile come lontani e inconciliabili. Inizia a capire che uomini e donne sono entrambi in grado di provare, processare e rispondere alle emozioni, ma ricevono due tipi di educazione emotiva decisamente diversi. Del resto è sciocco supporre che tutti gli uomini abbiano lo stesso rapporto con le emozioni e tutte le donne invece ne abbiano un altro. Ogni persona ha il proprio legame con ciò che prova, indipendentemente dal sesso. Ma allora perché ci si aspetta sempre che siano le femmine le più emotive?

Il punto è che l'emotività non è una caratteristica neutra, ma ha uno stretto legame con la società e con gli stereotipi di genere. L'emotività è insomma femmina non per ragioni naturali, ma culturali. Pensiamo a una semplice scena: una bambina corre, inciampa, cade e piange. L'adulto lì vicino la consolerà. Se la stessa scena avesse un maschio come protagonista, gli si direbbe: "Su, su, non piangere, fai l'uomo". Un ginocchio maschile o un ginocchio femminile non sono forse uguali? Non fanno forse ugualmente male? Perché questo trattamento diverso?

Viviamo in un mondo frenetico in cui sembrano importare solo la competitività, il successo e il denaro. In questo orizzonte l'emotività sembra essere una palla al piede, un annebbiamento nella mente di una persona che dovrebbe solo macinare *life goals*. Spesso si vede l'emotività come il contrario della razionalità. Se sei una persona razionale sei ferma, stabile e hai tutto sotto controllo, mentre se sei emotiva sei instabile, fragile e preda delle tue emozioni.

La contrapposizione tra razionalità ed emotività è stata calata sul binomio uomo/donna. L'uomo, prima cacciatore poi guerriero e oggi manager, è forte, razionale, ha tutto sotto controllo. La donna invece tra le mura domestiche ha potuto dedicarsi alle proprie emozioni per poter accudire amorevolmente figli e marito. Questa contrapposizione arriva agli estremi quando, per esempio, si pensa che una donna non possa avere posizioni lavorative di rilievo perché è instabile, impressionabile, ansiosa, isterica, piagnucolosa. Conseguenze altrettanto spiacevoli si verificano quando un bambino emotivo viene preso in giro ed etichettato come femminuccia perché si sa, le emozioni sono robette da femmina.

Se i neonati maschi e i neonati femmina piangono allo stesso modo, come si arriva a queste convinzioni? Il problema è che il gap emotivo è una credenza sociale. Sin da piccoli maschi e femmine si sentono dire in continuazione che le bambine sono più delicate, fragili, emotive e l'abbiamo già detto, una bugia ripetuta tante volte diventa verità. Maschi e femmine ricevono un'educazione emotiva molto diversa e il risultato è che, una volta cresciuti, saranno convinti che l'emotività è regno esclusivo delle femmine. Spesso una persona per essere accettata assume l'atteggiamento che ci si aspetta da lei. I bambini e le bambine si trovano sin da piccoli a fare i conti con un mondo in cui gli stereotipi di genere sono molto forti e tra un "fai l'uomo" e "non essere isterica" la frittata è fatta.

Tendenzialmente i genitori parlano delle emozioni molto di più con le figlie che con i figli. Ben presto infatti le bambine imparano a decifrare i toni della voce, le espressioni, le sfumature emotive delle varie situazioni. I bambini invece vengono allevati come dei cavalieri dall'armatura inscalfibile da parte delle emozioni. Mentre una femmina è vicina alle sue emozioni sin da quando è piccola, a un maschio viene insegnato a reprimerle in nome di una forza granitica ben lontana dalle "cose da femminuccia". Da una parte le ragazze sanno già da piccole capire e interpretare i propri stati emotivi, dall'altra i ragazzi, tenuti ben lontani dall'universo dei sentimenti, riescono a esprimere quello che provano solo con le azioni. Sono arrabbiato? Spacco tutto!

In classe i miei ragazzi sono terrorizzati dall'idea che io possa assegnare loro un romanzo d'amore da leggere. Quando si parla di storie romantiche alcuni buttano gli occhi al cielo, fanno battute per sdrammatizzare e dicono che stanno per avere le carie. In realtà quest'ultima affermazione la faccio spesso anche io che non sono una grande fan dei romanzi rosa e forse nemmeno un ottimo esempio educativo. A pensarci bene però anche questo atteggiamento dice molto. In primo luogo è l'ennesima prova dell'educazione diversa tra maschi e femmine. Alle scuole medie i maschi hanno già in testa che le storie dolci sono da femmine mentre per loro ci sono le storie di avventura, cazzotti, sgozzamenti. In secondo luogo però noi sappiamo che la lettura è importante perché offre ai ragazzi e alle ragazze un sistema di riferimento per il mondo reale. Leggere significa creare un archivio mentale di situazioni possibili. Leggendo si attivano i neuroni a specchio che ci fanno provare di riflesso le emozioni di altre persone o personaggi. Detto questo, non è problematico che le letture dei maschi siano prive di storie d'amore o di qualsiasi narrazione che lasci spazio alle emozioni e non solo alle azioni? Sullo scaffale mentale delle emozioni e dei sentimenti i maschi avranno solo vuoto e polvere, e nella vita reale non sapranno come muoversi. Se i libri, ma anche i film, le serie, i videogiochi, i genitori dei maschi non parlano loro di emozioni e sentimenti come possono allenarsi alla loro comprensione?

Le femmine sono più brave con i sentimenti e quelle robe lì.

Parliamo ora di empatia. L'empatia è la capacità di immedesimarsi in una persona che ci sta di fronte, di sentire le sue emozioni. Secondo un biologo americano di nome David Sloan Wilson, l'essere umano si è evoluto accantonando l'egoismo e adottando atteggiamenti empatici per creare delle comunità funzionanti[47]. Detto in parole spicce: se voglio creare o almeno vivere in una comunità di esseri umani, non posso pensare solo alle mie chiappette. Nonostante ciò, ci

---

47 D.S. Wilson, *L'altruismo. La cultura, la genetica e il benessere degli altri*, Bollati Boringhieri, 2015.

si aspetta che una ragazza capisca gli altri mentre un ragazzo si sa, “a certe cose proprio non ci arriva”. Spesso ci si immagina un maschio come una persona incapace di capire le emozioni proprie e altrui, come un individuo forte e aggressivo, uno scimmione lontano dalle emozioni e dalla loro comprensione. Te l’avevo detto che nemmeno i maschi se la passano bene, ricordi?

Partiamo però da un presupposto basilare: io non saprei allacciarmi le stringhe se non me lo avessero insegnato. Allo stesso modo i maschi non possono essere empatici se nessuno lo insegna a loro e se vengono tenuti lontano dal mondo delle emozioni. Aspettarsi che un ragazzo sia empatico nel mondo in cui viviamo sarebbe come aspettarsi che sappia nuotare una persona che non ha mai visto il mare. Le ragazze non dovrebbero essere delle crocerossine che si sforzano di elargire zucchero e comprensione a chiunque come i ragazzi dovrebbero imparare a capire cosa provano loro stessi e le persone che stanno loro attorno.

Perché allora i maschi spesso crescono come degli analfabeti emotivi? Perché sembra non sappiano decifrare le emozioni di chi sta loro davanti? Ti è mai capitato di piangere di fronte a un ragazzo? Cosa ha fatto? Pacca sulla spalla o occhi sgranati? Sei riuscita a scorgere il panico nei suoi occhi perché non sapeva minimamente che pesci pigliare?

L’empatia non è né femmina né maschio. Le bambine a volte sembrano delle mammine in miniatura e vengono allevate sin da piccole a prendersi cura degli altri. I maschi invece, tenuti ben lontano dalle emozioni, non imparano mai a essere empatici. Così il divario tra uomini e donne diventa sempre più ampio e i due mondi faticano sempre di più a comunicare. Eppure sappilo: l'empatia si allena e non si riceve in dono alla nascita dalle fatine della *Bella addormentata*.

Cosa possiamo fare?

Ti dirò qualcosa di cui sono profondamente convinta: capire le emozioni e immedesimarsi in un'altra persona sono capacità grandiose. Smettiamola di considerare il successo come sinonimo di forza sprezzante. Non vediamo tutti i giorni le traumatiche conseguenze di una realtà improntata alla legge del più forte? Non sarebbe forse meglio puntare a una dimensione più umana? E sai una cosa? Se le bambine e le ragazze sono educate per essere più vicine alle loro emozioni be', possiamo essere da modello e istruire chi è carente in questo ambito.

In primo luogo bisognerebbe riconsiderare l'emotività. Essere emotivi ed emotive è bello, è una caratteristica che una persona può avere e che deve cercare di utilizzare nel modo migliore possibile. In un mondo di freddi robot, essere emotivi ed emotive significa ricordarsi di avere un cuore e ascoltarlo. In secondo luogo l'emotività dovrebbe essere considerata come una caratteristica svincolata dalle aspettative di genere, in modo tale che un ragazzo emotivo non si senta una mela marcia e una ragazza poco emotiva non si senta fuori luogo. Abbiamo già visto che il cervello umano è fortemente plastico. Ciò significa che l'ambiente e le esperienze possono far creare nuove sinapsi e modificare la struttura in un processo di apprendimento continuo. In parole povere possiamo dire che si può educare all'emotività. Ah e poi lo dice anche Goleman che è un tizio super famoso che citano tutte le persone che parlano di intelligenza emotiva[48]. In particolare Goleman dice che l'intelligenza emotiva implica le capacità di riconoscere i sentimenti propri e altrui, di automotivarsi e di gestire le proprie emozioni. Una società con individui di questo tipo sarebbe assolutamente migliore di quella attuale. Parliamo di individui, poco importa se maschi o femmine.

Le femmine non si arrabbiano mai

Un giorno un mio studente mi ha detto di essere stanco di vedere un trattamento diverso per i maschi e per le femmine. Affermava che ogni volta che succedeva qualcosa di negativo, l'attenzione dell'insegnante si rivolgeva ai maschi, "i soliti", dando per scontato che ogni azione rumorosa, vivace e fuori dalle regole provenisse da loro. È come se non si potesse nemmeno pensare che una femmina faccia qualcosa di diverso dallo starsene seduta tranquilla, insomma.

Eppure non prendiamoci in giro: in un'aula di scuola capita spesso di vedere i maschi più vi-

---

48 D. Goleman, *Intelligenza emotiva*, Rizzoli, 2011.

vaci delle femmine nel bene e nel male. Spesso i ragazzi sono i più rumorosi, ma anche quelli che intervengono di più. Le ragazze sono più silenziose, ma faticano a intervenire e a far sentire la loro voce. Le ragazze sono inoltre spesso più ordinate. Se prendessi in considerazione le note di comportamento date in una classe, la maggior parte sarebbero per i maschi.

Come è possibile tutto ciò? Il mio studente ha ragione o torto?

La vivacità non è una caratteristica che dipende dalla biologia eppure basta entrare in una classe di una scuola qualsiasi: i maschi sono tendenzialmente più vivaci delle femmine. Ancora una volta bisogna esaminare il modo con cui bambini e bambine vengono educati ed educate. Le femmine non sono geneticamente più tranquille dei maschi, ma semplicemente sono allevate per essere tali. O meglio: le femmine assorbono così tanto gli stereotipi di genere da autoconvincersi di essere più calme e meno ambiziose dei maschi.

Rispolveriamo il discorso fatto sui giocattoli. Se faccio giocare una bambina con la cucina e la allevo a essere una brava casalinga, sarà addestrata sin da piccola a essere ordinata. Invece come posso pretendere che sia ordinato un bambino che gioca con fucili spara proiettili di gommapiuma e galeone dei pirati? Spesso le nonne dicono alle nipoti di "comportarsi come delle signorine". Una signorina, ben si sa, deve essere sempre composta e ordinata, vestita a modo, pulita, pettinata, silenziosa e zuccherosa. In questo modo è come se si costruisse attorno alle bambine una vera e propria prigione di regole, mentre i maschi sono lasciati allo stato brado. Non posso pretendere che sia coraggiosa e intraprendente una bambina cresciuta a pane, principesse, glitter e sottomissione. L'educazione va cambiata radicalmente e prima lo capiamo, meglio è.

Fingiamo di essere al parco e di vedere dei bambini che si menano e pensiamo alla stessa scena con delle bambine come protagoniste. Quale sarebbe la differenza? Tendenzialmente si guarderebbero i bambini con aria bonaria ("Ah, sono proprio maschi"), mentre si accorrerebbe a separare le femmine. Perché succede questo? Un cazzotto fa male indipendentemente da chi lo tira! Be', è tutto un fattore sociale. Si pensa che i maschi siano violenti conquistatori per natura, mentre le femmine siano povere bestiole domestiche. La rabbia maschile è quindi considerata giusta e potente, mentre la rabbia femminile come è percepita? Se una femmina si arrabbia, come viene vista? Come una pazza isterica o come una che "ha le sue cose". Se un maschio si arrabbia, invece, ha le sue buone ragioni e va ascoltato. Lo stesso schema si ripropone con gli adulti: una donna che grida è matta, un uomo che sbraita sa farsi valere. E le parolacce? Perché se un ragazzo si arrabbia e dice parolacce è un fico, mentre una ragazza che dice le parolacce viene vista come una scaricatrice di porto? Parliamo di doppio standard quando un medesimo fatto o comportamento viene visto in modo diverso se si parla di un uomo o di una donna.

Il problema è che, in questo modo, le femmine faticano davvero a far sentire la propria voce e la propria rabbia e sono portate ad abbassare la testa. La paura qui è grandissima: come può una bambina ribaltare il mondo se non si sente nemmeno libera di arrabbiarsi? "Se mi arrabbio, penseranno tutti che sono pazza, isterica, che ho le mie cose. Forse è meglio se mi faccio andare bene la situazione, dopotutto forse è colpa mia, magari non ho capito bene".

In generale noi femminucce siamo spesso allevate per essere delle bamboline garbate e gentili, sempre controllate e mai eccessive. La rabbia non è di certo un'emozione che si addice a questa maschera, giusto? Ma se qualcuno ci offende per davvero? Perché se un maschio si arrabbia va bene, mentre se una femmina si arrabbia, è un male? La rabbia non è forse sempre uguale? Perché le femmine non possono arrabbiarsi? Siamo forse costrette ad abbassare sempre la testa?

Stai bene attenta perché sto per dirti qualcosa di molto vero. La rabbia che non sputi fuori, quella che inghiotti, che fingi di non provare, che provi a dimenticare, non si cancella mai davvero, al massimo cambia forma. Sappi però che la rabbia inespressa provoca più danni di quanto tu possa credere. Immagina di vedere un vulcano che sta per eruttare e supponi che qualcuno tappi il cratere per evitare di imbrattare tutto con la lava. L'eruzione si blocca? No, starà all'interno fino a fare implodere il vulcano. La rabbia che provi e che tieni per te prima o poi esplode. Può allora capitarti di sentirti strana, sempre arrabbiata o triste. Ti tranquillizzi pensando che siano gli ormoni o lo stress, ma invece è la tua rabbia che esce da qualche spiraglio. Oppure decidi che non si addice a una ragazza essere furiose con qualcuno e allora inizi a essere arrabbiata con te stessa e cominci a trattarti male. Magari ti punisci, ti privi del cibo, ti tagli, ti costringi a soffrire perché non osi sputare la tua rabbia in faccia a nessuno se non a te stessa. E così bruci dal dentro e il fuoco fa male e distrugge tutto quanto. Ti prego di stare attenta perché dalle ceneri, non prendiamoci in giro, è difficile che rinasca davvero qualcosa.

Capisci che così non può andare?

Ogni emozione, anche la rabbia, ha una utilità. In particolare la rabbia è un importante campanello di allarme che mi dice: "Ehi, questa situazione ti offende! C'è qualcuno che non ti sta trattando con il giusto rispetto!" La rabbia è dunque un'emozione che va ascoltata. Se qualcosa non ci va bene, lo dobbiamo dire e se non ci va di fare qualcosa, abbiamo il diritto di dire di no. Non dobbiamo essere sempre calmine, compiacenti e sottomesse perché non siamo delle bamboline. Se un giorno ti arrabbierai, ti sentirai dire che sei prepotente, acida, incontrollabile, testona, ma la vuoi sapere una cosa? Una persona che si arrabbia per un giusto motivo è forte, tenace, lotta per ciò in cui crede e non sopporta le ingiustizie. Insomma, una donna che si arrabbia per un giusto motivo è il tipo di persona che vorrei fosse chiunque sta leggendo questo libro.

Cosa possiamo fare?

Ricordiamo ancora una volta che non è necessario vedere ogni caratteristica come conseguenza dell'essere uomo o donna. Possiamo dire che alcuni esseri umani sono vivaci e altri sono tranquilli. Alcuni sono ordinati, altri disordinati. Ogni caratteristica presenta dei vantaggi in alcune situazioni e degli svantaggi in altre. Non è necessario e non è nemmeno scientificamente corretto pensare che il mio sesso determini a priori le mie caratteristiche. Ognuno di noi ha infatti peculiarità che sono il frutto di esperienze varie.

Inoltre, se qualcosa ci offende, possiamo e dobbiamo arrabbiarci, alzare la voce, strepitare, farci valere, provare il tutto e per tutto per raggiungere ciò che vogliamo. Se la motivazione della rabbia è giusta, non si tratta di capricci, ma di forza. C'è qualche prepotente, qualche bullo, qualcuno che ti insulta, ti offende, ti umilia? Arrabbiati, ti prego. Arrabbiarsi, ricordati, non vuol dire iniziare a menare e a tirare calci, ma dire cosa non va e trovare una soluzione. Ti potresti trovare sola e impaurita perché le faccende che fanno più arrabbiare spesso sono più grandi di te. Allora ricordati di chiedere aiuto a un'amica, un amico, un adulto (non fanno sempre schifo, a volte sanno aggiustare le cose).

Che lavoro vorresti fare da grande?

Una volta in classe stavamo ragionando sul rapporto tra professioni e stereotipi di genere. Io ho chiesto: «Se non esistono lavori femminili e maschili, come mai fare la casalinga e fare il casalingo non sono considerati sullo stesso piano?» In poco tempo una ragazza ha alzato la mano e ha risposto: «Perché un uomo si sentirebbe un buono a nulla». Possiamo forse dire che c'è un legame tra genere e lavoro?

Ora dirò qualcosa di fastidioso. Ci saranno alcune occasioni in cui un uomo sembrerà più affidabile e professionale di te per il semplice fatto di essere maschio. "Preferisco un medico uomo perché mi sembra più calmo, vado da un meccanico uomo perché le donne non capiscono nulla di motori, un personal trainer uomo è più bravo di una donna, le donne sono brave a cucinare il polpettone della domenica ma gli chef migliori sono uomini, un avvocato uomo sembra di certo più professionale e controllato di una donna". Sai che fino agli anni '60 si pensava che le donne non fossero adatte alla professione di magistrato[49]? Nel 1947 il deputato Antonio Romano affermava infatti che "la donna deve rimanere la regina della casa, più si allontana dalla famiglia più questa si sgretola. Con tutto il rispetto per la capacità intellettiva della donna, ho l'impressione che essa non sia indicata per la difficile arte del giudicare. Questa richiede grande equilibrio e alle volte l'equilibrio difetta per ragioni anche fisiologiche. Questa è la mia opinione, le donne devono stare a casa".

---

49 La professione della magistratura viene aperta alle donne con la legge 9 febbraio 1963 n. 66.

Una mia studentessa un giorno è intervenuta in classe dicendo: «Io però non capisco perché in politica ci siano così tanti uomini e così poche donne. Alla fine cosa bisogna fare per lavorare nella politica? Non vanno bene allo stesso modo maschi e femmine?» Devo anche rivelarti che una volta una mia studentessa mi ha detto che qualcuno della classe la prendeva in giro perché aveva detto di voler lavorare con i motori delle auto e non veniva presa sul serio.

Stai bene attenta: nessuno ti dirà mai in faccia che non sei professionale perché sei una donna, ma molte persone lo penseranno, spesso senza nemmeno rendersene conto. Del resto stiamo parlando di un sistema di idee radicato nella nostra mente da secoli. Ciò significa che se non ci opponiamo, queste idee marce continueranno a circolare e a tenerci in prigione.

Quale lavoro volevi fare da piccola? Era lo stesso che avrebbe voluto fare tuo fratello/cugino/maschio generico che conosci? Tendenzialmente no. Esistono una serie di lavori classificati come "da donna" e altri "da uomo". Nello specifico i lavori più caritatevoli e assistenziali sono considerati femminili. Basti pensare alla professione della maestra, dell'infermiera, della casalinga. Se si pensa che le donne siano più delicate, emotive e affettuose, di certo competono loro lavori poco pericolosi, assistenziali e non particolarmente difficili. Quelli bravi con i numeri sono gli uomini, è risaputo, vero? I lavori prettamente maschili sono quelli più competitivi, complicati e remunerativi. Si crede infatti che gli uomini si sappiano controllare meglio, che siano più svegli e più affidabili. Lavori di questo tipo sono l'ingegnere, il manager, il politico. Pensa che siamo state ammesse nel corpo di Polizia solo nel 1981 e nelle Forze armate nel 1999.

La divisione in lavori da donna e da uomo ricalca i millenari stereotipi di genere. Se infatti consideriamo la contrapposizione tra donna-delicata e uomo-forte, ne consegue che molte professioni non sono adatte alla popolazione femminile. Eppure questa argomentazione è facilmente smontabile. Basta ricordare che lo svolgimento di una professione non è legata al genere, ma a una serie di abilità pratiche e cognitive che, in quanto tali, non dipendono dal mio essere uomo o donna.

La parte difficoltosa è un'altra. Questi ragionamenti esistono da così tanto tempo da essere presenti nella nostra testa senza che noi ce ne accorgiamo. Tante bambine e ragazze sono poco ambiziose perché è come se, sotto sotto, pensassero di non essere abbastanza brave per certi lavori. Di conseguenza, tante di loro, benché talentuose, gettano la spugna prima ancora di iniziare perché sono convinte di non essere abbastanza. Inoltre esistono alcune mansioni considerate femminili che però hanno ai vertici quasi solo uomini. Cucinare è una professione femminile, ma i grandi chef sono in maggior parte uomini. Insegnare è da donne, ma molti professori universitari sono uomini.

Spesso le donne faticano a conciliare famiglia e lavoro. Di solito l'avanzamento di carriera corrisponde al momento in cui una coppia decide di mettere al mondo un bambino o una bambina. Molto spesso la maternità comporta un allontanamento della donna dalla carriera, mentre la paternità non ha conseguenze di questo tipo. Pensa che nel 1975 viene portata avanti una riforma sul diritto di famiglia: solo da questo momento in poi due coniugi valgono allo stesso modo. Hai capito bene: significa che prima di questa data la moglie era legalmente sottomessa al marito. Se "legalità" e "sottomissione" stanno nella stessa frase, c'è qualcosa che non va.

Se vogliamo dirla tutta, c'è un'altra faccenda legata al lavoro e alle differenze tra uomini e donne: il gender pay gap. Sai, esistono ancora alcuni Paesi in cui, a parità di mansioni e ore, un uomo guadagna di più di una donna. Di certo starai pensando a qualche paese sottosviluppato, ma se ti dicessi che anche l'Italia è coinvolta in questo marciume? Secondo un'indagine Istat, in Italia gli uomini percepiscono 1,8 euro all'ora in più rispetto alle donne nel settore privato[50]. Ciò significa che le donne dovrebbero lavorare un mese in più per avere uno stipendio annuale pari a quello maschile. Anche un poppante capirebbe che qui c'è qualcosa che non quadra!

I settori in cui il gender pay gap è maggiore sono quello scientifico- tecnologico in cui ci sono poche donne e il settore attività artistiche,

50 A. Gianotti, "Salari, in media gli uomini guadagnano 1,8 euro all'ora in più rispetto alle donne", Infodata, 2017.

sportive, di intrattenimento e divertimento. Una dirigente donna dovrebbe lavorare tutti i sabati e le domeniche dell'anno per pareggiare il salario di un dirigente uomo[51]. In Italia il Decreto legislativo 5 del 25 gennaio 2010 rafforza il diritto delle lavoratrici a percepire, a parità di condizioni, la stessa retribuzione dei colleghi maschi, ma il problema non risulta del tutto risolto. Tuttavia, secondo il *Global gender gap report 2020*, per colmare il gender pay gap nel mondo potrebbero volerci quasi cento anni. Secondo lo studio *Getting to Equal 2017,* realizzato da *Accenture*, multinazionale di consulenza aziendale, gli stipendi maschili e femminili inizieranno a essere uguali nel 2044 nei mercati maturi, in Italia la data è stimata attorno al 2049. Pensa che entro il 2030 l'umanità dovrebbe raggiungere Marte.

Cosa possiamo fare?

Abbiamo visto che spesso le ragazze hanno paura di non farcela, di non essere abbastanza brave e intelligenti. Considera questa percezione come una vocina bugiarda in fondo alla testa e, ogni volta che la senti, ignorala e se ci riesci, zittiscila. Le donne sono state considerate deboli e inutili per secoli ed è come se ti fossero rimaste in memoria le ingiustizie del passato. Forse quella vocina maledetta non se ne andrà mai, ma devi imparare e riconoscerla e a smontarla. Ogni volta

---

51 L. Bodrero, "Se la differenza fra uomo e donna è una vacanza a quattro stelle", Corriere della Sera, 2017.

che pensi di non poter fare qualcosa perché sei femmina, be', ricordati che è un pensiero sbagliato e che puoi fare qualsiasi cosa tu voglia, a patto che tu ci metta passione e impegno.

Lo studio e il lavoro sono traguardi importanti per ciascuno e ti prego, non farti dire da altri cosa puoi o non puoi fare. Non ti racconto storielle: sarà difficile. Non pensare nemmeno per sbaglio che le differenze sul posto di lavoro si risolveranno a breve o che le donne del mondo si libereranno della vocina malefica in poco tempo. Tu però resisti. Se molliamo, non otterremo mai nulla.

Esistono realtà positive, per esempio in Ferrari gli stipendi di uomini e donne sono uguali e dal 2020 i calciatori e le calciatrici della squadra nazionale di calcio brasiliana e inglese percepiscono lo stesso stipendio. Le situazioni come queste oggi sembrano eccezionali, ma forse un domani non sarà più così. Dobbiamo tenere duro insomma, ricordarci di zittire quel sussurro infame che a volte sentiamo tutte e andare avanti per la nostra strada. Sarà un percorso in salita, certo, ma a quel 2049 ci arriveremo tutte a testa alta.

Compito: ragioniamo sulle pubblicità

Parte del problema, l'abbiamo già visto, consiste nella rappresentazione. I bambini e le bambine assimilano gli stereotipi di genere a partire dal modo in cui uomini e donne sono rappresentati nei film, libri o pubblicità. Se una bambina vede solo donne che lavano e stirano, difficilmente sognerà di fare l'astronauta. Allo stesso modo, se un bambino vede solo uomini che tirano cazzotti e palpano chiappe, di certo non si sentirà autorizzato a essere dolce e gentile.

Un giorno in classe abbiamo ragionato su una vecchia pubblicità di un gioco da tavolo, battaglia navale. Sul coperchio della scatola erano raffigurati due uomini che giocavano e una mamma con la figlia in secondo piano che lavavano i piatti e guardano i due giocatori con un sorriso materno[52]. I miei ragazzi e le mie ragazze mi hanno detto che quella pubblicità dava voce al file corrotto che abbiamo nel cervello da secoli, perché sottintendeva che le donne possono solo stare in cucina a rassettare e al massimo possono essere contente se gli uomini di casa si divertono.

Poi abbiamo esteso l'esercizio a diverse altre pubblicità attuali. Gli studenti e le studentesse hanno registrato che i prodotti dimagranti sono spesso pubblicizzati dalle donne perché si sa, una donna bella deve essere per forza magra. Una ragazza mi ha fatto notare di aver visto una pubblicità di scarpe in cui la modella era in costume e di base la combo scarpe più costume non sembra molto realistica. Le è stato subito risposto che una donna mezza nuda potrebbe vendere ghiaccio al Polo Nord e insomma, una simile affermazione non si può proprio contraddire. È stato notato che nelle pubblicità delle bambole ci sono solo femmine, ma in un caso particolare

---

52 N. Muscialini, *Di pari passo. Percorso educativo contro la violenza di genere*, Settenove, 2013.

qualcuno aveva avvistato un maschietto e sono stata contenta che abbiano visto questo particolare come positivo. Abbiamo capito che gli uomini delle pubblicità sono sempre super muscolosi, un po' untini e lucidini, sempre mezzi nudi, non hanno i peli sul petto, scalano pareti verticalissime a mani nude e senza imbragatura. Evidentemente i veri uomini non si sottomettono nemmeno alla forza di gravità.

Abbiamo insomma visto che le pubblicità parlano di uomini e donne che hanno ben poco a che fare con la vita di tutti i giorni e che non descrivono le persone comuni. Abbiamo anche realizzato che gli uomini e le donne delle pubblicità spesso si assomigliano tra di loro e che c'è davvero poco spazio per la varietà delle dimensioni del corpo, delle etnie o altro. Nelle pubblicità insomma, non sono rappresentati tutti i tipi di persona ed essere esclusi e escluse è parecchio doloroso. Abbiamo così concluso che se non mi vedo rappresentato o rappresentata, mi sento sbagliato e visto che in tv sono raffigurate poche varietà di esseri umani, forse ci sono nel mondo un sacco di persone che si sentono sbagliate e questo non dovrebbe accadere. Le pubblicità, così come i film, le serie e quant'altro, dovrebbero essere sempre più inclusive in modo tale che ogni bambino, bambina, ragazzo o ragazza possa avere un personaggio che lo rappresenta e che lo faccia sentire in armonia con il mondo, non un prodotto eccentrico, sbagliato, difettoso.

Perché non è vero che le donne non si picchiano nemmeno con un fiore

Di certo avrai sentito qualcuno dire che le donne sono speciali, che portano magia in ogni luogo in cui si trovano, che hanno il cuore più grande, che se non ci fossero loro il mondo sarebbe più spento. Fermati e aspetta un momento prima di cantare vittoria perché non c'è proprio nulla da festeggiare.

C'è una frase che reputo riassuntiva del discorso che sto per fare: "le donne non si picchiano nemmeno con un fiore". Cosa c'è di sbagliato? Non è forse una frase pacifica e non violenta? No, è un'immensa cretinata! Quindi se sei un maschio ti posso prendere a sprangate? E fammi capire, sostanzialmente non mi picchi perché ho le tette? E poi, cosa ti hanno fatto di male i fiori? Nessuno dovrebbe essere picchiato perché siamo esseri umani e non bestie, ecco il punto.

Diciamolo: non vogliamo avere una corsia preferenziale perché siamo femmine. Non vogliamo le scorciatoie perché siamo donne. Non vogliamo essere trattate con una gentilezza fasulla perché siamo ragazze. Vogliamo essere trattate come un essere umano. Per nessuna ragione devi pretendere un trattamento di cortesia perché sei una ragazza. Se lo facessi, generazioni di femministe si alzerebbero dalla tomba per tirarti un pugno sui denti.

Esiste una specie di maschilismo al contrario. Il maschilismo tradizionale è quello di chi dice che i maschi sono migliori delle femmine. Però diciamolo: oggi nessuno è così scemo da dire apertamente che gli uomini valgono più delle donne. Di certo qualcuno lo pensa, ma nessuno lo dice ad alta voce perché si prenderebbe un bel po' di insulti.

Il maschilismo al contrario è invece l'atteggiamento di chi pensa che le femmine siano più deboli e indifese degli uomini e per questo debbano essere trattate diversamente, come dei cuccioli indifesi o come delle imbecilli. Non è vero che le donne portano magia nel mondo. Io non ho mai ricevuto la mia letterina per Hogwarts. E poi cosa diavolo vuol dire portare magia nel mondo? Starnutisco brillantini?

Le femmine, esattamente come i maschi e tutti gli esseri umani, possono essere rumorose, sporche, antipatiche, aggressive, maleducate, infami, stronze. Non ha senso dire che tutte le donne sono creature fantastiche perché non è vero; sarebbe come dire che tutti gli esseri umani sono splendidi. Vi sentireste di fare questa affermazione? Non credo proprio. Non è rispettoso pensare che tutte le donne siano speciali bamboline zuccherose, anzi, significa considerare le ragazze come una specie protetta del Wwf. Vuoi sapere tre belle storie? Nel 1926 la nuotatrice Gertrude Ederle fu la prima donna ad attraversare a nuoto il canale della Manica. Nessuno avrebbe scommesso un centesimo su di lei, ma la ragazza ce l'ha fatta. Kathrine Switzer nel 1967 si sentì dire dal suo allenatore che non avrebbe mai potuto correre un'intera maratona perché in quanto donna era troppo fragile. Alla maratona di Boston le donne non erano ammesse, ma Kathrine si allenò e arrivò al traguardo. Fra il 1982 e il 1984 Elspeth Beard fu la prima donna a fare il giro del mondo in motocicletta guidando per 77 mila chilometri. Donna e debolezza non sono concetti che devono per forza procedere di pari passo, mettitelo bene in testa. Queste storie servono a ribadire che non vogliamo essere trattate come cittadine di serie B, ma non vogliamo nemmeno essere trattate come delle bambine da ricoprire di complimenti inutili. Vogliamo essere trattate da esseri umani perché è quello che siamo prima di ogni cosa.

Perché non ci serve essere donne con le palle

Immagina di avere di fronte una donna forte, che ha tutto sotto controllo, che sa il fatto suo e non ha paura di nulla. Quali complimenti potreste sentire rivolti a questa persona? "Sei forte", "fichissima" e chi più ne ha, più ne metta. Ti è mai capitato di sentir dire: "Quella è una donna con le palle"? "Lei ha i controcoglioni"? "Lei è cazzutissima"? Queste frasi vengono dette come un complimento, ma se guardiamo con attenzione, ci vediamo un po' di marcio. Dire "sei una donna con le palle" significa che sei così forte da sembrare quasi un uomo, così determinata da essere più simile a un uomo che a una donna. Del resto si sa: le femmine sono tutte deboli e frignone, quindi se ci troviamo di fronte a una donzella forte e caparbia be', è di certo un Articuno. Al contrario se dico a un uomo di essere una "fighetta", gli stai dicendo di essere debole e scarso come le donne.

Eppure possono esserci uomini e donne coraggiosi come possono esistere maschi o femmine fifoni. Soprattutto, avrebbe senso constatare che l'essere umano è un organismo complesso che ha atteggiamenti diversi da situazione a situazione. Pensiamo sia davvero possibile che una persona sia sempre e comunque coraggiosa? Che vita pesante! Il problema è che usualmente il coraggio viene attribuito solo ai maschi. In questo modo gli uomini si sentono in dovere di essere sempre e comunque dei cavalieri senza macchia e senza paura, mentre le femmine sono relegate al ruolo di principessa da salvare. Forse avrebbe più senso constatare che ci sono situazioni in cui una persona si sente coraggiosa e altre in cui è intimorita. Ridurre tutta l'umanità a schemi netti è di certo semplificatorio, ma spesso allontana dalla realtà che è poliedrica.

Il corpo è mio e ci faccio quello che voglio io?

Arriva un certo momento della vita di qualsiasi ragazza in cui il corpo inizia a cambiare. In realtà è qualcosa di cui abbiamo consapevolezza sin da bambine: il corpo della mamma è diverso dal nostro e sappiamo che, una volta diventate grandi, saremo simili a lei. Spesso aspettiamo con ansia il momento di diventare donne, di indossare le scarpe con il tacco e di truccarci. A volte cerchiamo inutilmente di bruciare le tappe rubando i cosmetici a mamme e sorelle maggiori dando vita ai cugini brutti di It. “Ehi Georgie, lo vuoi un lucidalabbra dal profumo stucchevole e dalla composizione forse cancerogena?”

Poi arriva la pubertà per davvero e, diciamocelo, rimaniamo un po’ deluse. In primo luogo molte di noi si aspettavano che la metamorfosi da bambina a meravigliosa donna sarebbe durato una notte o, al massimo, un giorno. Invece in breve tempo capiamo che la pubertà è un periodo lungo, con cambiamenti lenti, quasi sempre imbarazzanti e mai nella direzione che vorremmo. Non appena inizia il magico periodo della pubertà, ragazzi e ragazze assistono inermi agli strabilianti, imbarazzanti e maleodoranti cambiamenti dei loro corpi. Alle femmine da un giorno all’altro spuntano dei piccoli seni simili a budini e, come un simpatico fulmine a ciel sereno, arrivano le mestruazioni. La fortuna poi vi benedirà con una spruzzata di affascinanti brufoli sulla faccia o sulle chiappe. I maschi diventano più alti, più pelosi, cambieranno la loro vocina da bimbo angelico in quella di Scar del *Re leone* e inizieranno ad avere dei meravigliosi baffi da pesce gatto. Sì, anche per i maschi c’è la spruzzata fortunata di brufoli.

Mentre cresciamo aumenta il nostro disagio perché ci accorgiamo di essere anni luce distanti dal tipo di donna che sognavamo di diventare. Durante la pubertà inizia qualcosa di atroce: iniziamo a vergognarci del nostro corpo. Lo stesso corpo che da piccole ci faceva correre, disegnare e giocare, improvvisamente ci sembra goffo, brutto, da nascondere. Se da bambine non avevamo problemi ad andare in spiaggia, a volte ci vergogniamo del nostro corpo. Da un momento all'altro il corpo che era uno strumento per esplorare il mondo diventa una zavorra che ci fa soffrire e sentire brutte, inadeguate e inferiori rispetto alle altre ragazze. Come diavolo arriviamo a questo punto?

Da lunedì, dieta!

Secondo una ricerca fatta nel 2004 da Dove il 47% del campione intervistato si vede come grassa[53]. Volete sapere qualcosa di più agghiacciante? Tra i cinque e i nove anni, il 40% delle bambine dice di desiderare un corpo più snello e quasi un terzo delle alunne di terza elementare sostiene di avere paura costantemente di ingrassare[54].

Quante volte ci siamo guardate allo specchio e abbiamo pensato di non essere abbastanza magre? Vogliamo forse parlare di quell'amica maledetta che mangia la pasta tutti i giorni e non ingrassa? Ti è mai capitato di scrutare con snervante invidia quella passante più longilinea di te? Perché quei numeri atroci sulla bilancia non scendono mai quanto vorremmo? E le cosce, vogliamo parlarne? È corretto che il nostro corpo, quello che serve per vivere ed esplorare il mondo

53 G. Cuter, G. Perona, *Le ragazze stanno bene*, HarperCollins, 2020.

54 Ivi.

non ci piaccia mai? È giusto dare così tanta importanza al nostro peso? È normale che il cibo spesso diventi un nostro nemico? Perché, accidenti, non siamo mai in pace con il nostro corpo? Perché ci sembra sempre di dover dimagrire, ridurre, assottigliare? E le lacrime, dannazione, è giusto che scendano mentre ci guardiamo allo specchio?

No, non è giusto e dobbiamo trovare una soluzione a ogni costo.

Perché vogliamo essere tutte magre?

Facciamoci una domanda: perché vogliamo essere tutte magre? Quando eri una bambina piccola, avevi questo desiderio? Non penso. Quando io andavo alle elementari volevo diventare un'allenatrice di Pokemon e sposare Leonardo Di Caprio. Alle scuole medie, durante un percorso di educazione all'affettività, ricordo di aver detto che mi piacevano le mie gambe perché mi permettevano di fare gli allenamenti di atletica (ero una schiappa, ma ci ho messo un bel po' a capirlo). Verso i sedici anni ho iniziato a pensare che se fossi stata più magra, sarei stata una persona migliore. Qualcosa nella mia testa deve essersi rotto a quei tempi e vorrei che non capitasse più a nessuno.

Ricordo che per anni ho vissuto ossessionata dal cibo. Desideravo tantissimo mangiare, ma non lo facevo perché ero terrorizzata dall'idea di poter ingrassare. Mi ero convinta che se fossi dimagrita, le persone mi avrebbero voluto molto più bene. Avevo fame, ma al tempo stesso mi sentivo forte proprio quando mi privavo di alcuni cibi particolarmente calorici. Sentivo di essere indistruttibile perché riuscivo a controllarmi. In realtà avevo sempre una gran fame ed ero terrorizzata dall'idea di assumere un certo numero di calorie. Quei numeri maledetti mi perseguitavano e ogni pasto sembrava un esercizio di aritmetica, una conta disperata e assurda. In particolare, ricordo di un'estate in cui mi sembra di aver pensato solo ed esclusivamente al cibo: non mangiavo quasi nulla, ma prima di addormentarmi pensavo alla pasta al forno. In un secondo momento ho pure scoperto che durante l'adolescenza il metabolismo è molto più veloce rispetto all'età adulta e questo significa che la fame è molto più acuta e deleteria durante la fase dello sviluppo[55]. A volte, quando mi trovavo con gli amici e le amiche per mangiare la pizza, arrivavo dopo affermando di aver già mangiato, ma non era per nulla vero. Con la scuola e gli allenamenti trovavo sempre più difficoltà a non mangiare perché le energie non mi bastavano, ma restava il pensiero costante di dover dimagrire in ogni modo. Non serve che io parli di me, ma è necessario che tu capisca il problema e che ne prenda consapevolmente le distanze. Troppe persone si rovinano la vita per l'ossessione malata per la magrezza ed è il momento di piantarla.

Prova a pensarci: quando il tuo peso ha iniziato ad avere un ruolo rilevante nella tua vita? Ten-

---

55 I. Marañón, *op. cit.*

denzialmente succede con l'ingresso nella pubertà, ma negli ultimi anni l'età si è abbassata. Numerose bambine già alle scuole elementari affermano di essere a dieta e di evitare cibi eccessivamente calorici[56]. E non venirmi a dire che vuoi essere magre per un fattore di salute perché, è ben noto, magrezza e salute non sono sinonimi e spesso non procedono nemmeno di pari passo. Prima smettiamo di raccontarci bugie, prima sistemiamo il problema. Vogliamo essere magre perché pensiamo che una donna magra sia bella, mentre una grassa sia al massimo simpatica. Nessuna di noi vuole però essere l'amica simpatica, ammettiamolo. C'è una parte del nostro cervello che è fortemente convinta che una persona magra sia migliore e chiunque vuole essere migliore.

Eppure c'è qualcosa che non quadra. Siamo spesso convinte che le persone magre siano le migliori, ma pensateci bene: quando ci viene spiegato questo concetto? Forse a scuola o dai genitori? Assolutamente no! Spesso cresciamo sentendoci dire da insegnanti e genitori che non è importante l'aspetto, ma quello che c'è dentro. "Non giudicare le persone dalla copertina", "l'abito non fa il monaco", "la personalità è più importante", "il tesoro vero è ciò che hai nel cuore". Ma allora, perché diamine vogliamo così tanto essere magre? La faccenda è un po' complicata, ma cercherò di farla semplice. Di fatto è come se ogni giorno della nostra vita, da quando siamo

56 Ivi.

piccole, avessimo subito una specie di lavaggio del cervello. C'è un episodio del *Laboratorio di Dexter* in cui il piccolo scienziato, per imparare il francese, dorme ascoltando un'audiocassetta in lingua. Questa però si impalla sulle parole "*omelette du fromage*" e l'indomani Dexter sa ripetere solo quello. Ora, la situazione di cui stiamo parlando non è molto dissimile. Siamo convinte che essere magre sia un valore aggiunto semplicemente perché è quello che ci sentiamo implicitamente dire ogni giorno della nostra vita attraverso una grande vastità di canali. Stai attenta: l'avverbio "implicitamente" è infame, ma è la parola chiave.

Ti faccio una serie di esempi. Pensiamo ai cartoni animati che sono le prime forme di narrazione con cui i bambini e le bambine entrano in contatto. Come sono le protagoniste dei cartoni animati? Tutte magre! Chi sono i personaggi grassi? Le cattive come Ursula o le donne goffe e simpatiche come Lady Cocca. Pensa alle protagoniste dei tuoi film preferiti: Hermione, Katniss... sono tutte magre. Come sono i manichini dei negozi di abbigliamento? Tutti magri! Sono pochi i negozi che hanno introdotto manichini di diverse misure e questi luoghi risultano ancora un'eccezione. Da anni si denuncia la magrezza malata di molte modelle, eppure l'hai mai vista una sfilata? La maggior parte delle modelle sono incredibilmente magre. Hai mai visto i video degli angeli di Victoria's Secret che passano a rotazione negli omonimi negozi? Be', sai già la domanda che voglio porti.

Il punto è questo: prendi tutti gli stimoli che vi ho elencati e buttateli addosso a una bambina da quando è al mondo. Ecco, c'è qualcosa di stupefacente se una bambina vuole essere magra? È strano che vogliamo essere tutte magre?

Ma no, non sei grassa!

Possiamo guardare la faccenda anche dal punto di vista opposto: nessuna persona vuole essere grassa. Quante volte abbiamo detto: "Sono grassa!" come sinonimo della frase: "Oh no, faccio schifo"? Io l'ho fatto un mucchio di volte.

Eppure, se ci pensi bene, "magro" e "grasso" dovrebbero essere due parole neutre che indicano una caratteristica del corpo. Dire "bionda" o "castana" non implica un giudizio, ma dire "magra" o "grassa" sì. In particolare se sei magra sei bella, brava, dinamica, affascinante, mentre se sei grassa sei brutta, pigra, malata, senza controllo. Possiamo davvero pensare che il nostro peso corporeo definisca il nostro carattere, il nostro modo di fare? Il problema è che non esiste rappresentazione di persone grasse attorno a noi. L'abbiamo già detto: film, cartoni animati, telefilm, pubblicità danno importanza solo a persone magre, mentre quelle grasse sono goffe, cattive o macchiette. L'associazione che fa il cervello è semplice: le persone grasse sono goffe, cattive o macchiette, mentre quelle magre sono belle, affascinanti e di successo.

Non è difficile capire perché nessuno vuole essere grasso o grassa[57].

Magre e poi?

Visto che stiamo parlando del peso, andiamo fino in fondo. Ti avviso: stiamo scendendo in un baratro infernale. Abbiamo detto che vogliamo essere magre, certo, ma quando io posso dirmi magra? Sessanta chili? Cinquanta? Quarantacinque? Forse hai già intuito il problema: nasciamo in un mondo che ci spinge a essere magre e che ci suggerisce che non lo siamo mai abbastanza.

Cresciamo con una sorta di difetto di fabbrica, come se la linea, il peso e il cibo rimanessero sempre un nostro problema. Quante volte abbiamo sentito nella nostra testa una voce che ci diceva: "Era necessario mangiare quella fetta di torta? Davvero hai ancora fame? Hai mangiato tutto quel piatto di pasta? Dieci minuti in bocca, dieci anni sui fianchi!" Secondo la Società italiana per lo studio dei disturbi del comportamento alimentare, in Italia ogni anno 8500 persone sono colpite da dca, disturbi del comportamento alimentare[58]. Parlare di disturbi alimentari è sempre complicato perché al dolore dell'argomento si aggiungono una grande quantità di luoghi comuni, ignoranza, falsi miti. No, una ragazza

---

57 A.E. Farrell, *Fat shame. Lo stigma del corpo grasso*, Tlon, 2020.

58 F. Camilli, "I disturbi del comportamento alimentare: i dati in Italia", OggiScienza, 2019.

molto magra non è automaticamente anoressica perché l'anoressia è una malattia. No, una persona non ha disturbi alimentari solo perché vuole essere magra o vuole fare la modella. E no, i disturbi alimentari non riguardano solo le donne.

I disturbi alimentari sono problemi psicologici determinati da cause varie che implicano anche, ma non solo, lo sviluppo di un'ossessione per il peso corporeo e per il suo controllo. Stiamo parlando di una voragine oscura di disperazione, paura, odio, vergogna. Sviluppare un dca vuol dire vivere in un corpo che si odia, che si vorrebbe diverso, che si desidererebbe annullare, ma che resta sempre lì, come un immenso cumulo di fallimenti e vergogna. Avere un disturbo alimentare è terribile perché terribile è il vuoto che crea. Mentre hai un mostro nero che ti fa a brandelli, non ti trovi attorno nessun appiglio.

Andiamo per gradi.

Deve essere chiaro che non si cade in un dca solo perché si vuole essere magre e magri. L'incubo inizia quando una persona, tendenzialmente nella delicata fase dell'adolescenza, si trova a dover gestire una serie di difficoltà. Di fronte a un problema cerco prima di tutto di controllare la situazione. Se fatico a gestire il mondo fuori di me, cerco almeno di controllare me stessa o me stesso e ciò che sento più mio, ossia il mio corpo. In che modo posso controllare il mio corpo? Com'è un corpo controllato? Com'è un individuo sotto controllo? Lo vediamo da ogni parte sin dall'infanzia: un corpo controllato, funzionale ed efficiente è magro. Nel momento in cui tutto mi sfugge di mano, cerco di rendere almeno il mio corpo il più controllato possibile, ossia magro. E più magra sono, più controllo ho, più brava sono. Così divento migliore. In un momento di particolare sofferenza, il nostro corpo può diventare il nostro peggior nemico e tutto ciò che implicitamente assorbiamo dal mondo esterno si tramuta in un'arma puntata contro le nostre stesse tempie.

I dca non possono essere ridotti al desiderio di essere magre e magri. Tuttavia essere immersi in un mondo che attribuisce valore morale all'essere magri è un tassello dei dca. La società mi ha infatti insegnato sin da piccola che perfetto è sinonimo di magro quindi quanto più magra sono, tanto più vicina alla perfezione risulto. Allora l'inferno spalanca le sue fauci e fiumi di demoni prendono il controllo del cervello. "Se diventerai più magra, sarai più amata. Se non mangi, vuol dire che ti sai controllare. Più magra sei, migliore sei. Devi essere perfetta e la perfezione va di pari passo con la magrezza. Essere magri significa essere belli e amati. Se riesci a controllare il tuo peso, riuscirai a controllare anche la tua vita. Vuoi avere successo? Essere amata? Bene, allora devi essere magra e più magra sarai, più amata risulterai! Devi essere magra a ogni costo: digiuna, vomita, riempiti di lassativi, avvelenati e distruggiti, ma basta che tu sia magra, anzi no, magrissima!"

Poi viene la vergogna. Siamo portate a pensare che le persone magre siano le migliori, ma al tempo stesso se ci dimostriamo troppo attente al nostro aspetto, veniamo etichettate come superficiali. È come se il mondo in cui viviamo ci spingesse a essere naturalmente perfette, senza pensare che la naturalezza e la perfezione sono concetti contrapposti. Così non solo io esigo di essere magra, ma nel momento in cui perdo il controllo sul mio corpo, mi vergogno di ammetterlo e mi illudo di poter aggiustare tutto da sola.

Cosa possiamo fare?

Prima di tutto dobbiamo essere consapevoli. Ti prego, ricordati che essere magra o grassa non implica un giudizio sulla nostra persona, ma è semplicemente una caratteristica fisica come il colore degli occhi. Magro e grasso non sono gerarchie morali. Il tuo peso non parla di te, del tuo carattere, del tuo temperamento, delle tue capacità.

Lascia stare, ma che dico, lasciamo stare le pubblicità e l'ossessione per il peso. Pensa a quante risate e belle esperienze ci perdiamo se siamo schiave di un maledetto numero sulla bilancia. Peso, approvazione e amore non vanno di pari passo. Essere ossessionate dal peso non ci porterà a essere più amate o apprezzate, ma solo a essere esasperate da modelli innaturali. Ti prego, datti tregua, fai pace con il tuo corpo, smettila di pretendere.

E non dovremmo sforzarci con tutte noi stesse di piacerci, dovremmo vivere in un mondo che rappresenta tutti i tipi di persona e che fa sentire tutti e tutte accettati e accettate. Vorrei vivere in un mondo in cui la protagonista di un film può essere grassa senza che il peso giochi un ruolo fondamentale nella trama. Desidererei che una bambina avesse sempre qualcuno in cui possa immedesimarsi e da cui possa sentirsi rappresentata.

Chi è la più bella del reame?

Il 26 settembre 1960 andò in onda il dibattito televisivo tra Kennedy e Nixon, i due candidati per la presidenza degli USA. Grazie a un sondaggio emerse che coloro che avevano assistito al dibattito in televisione preferivano Kennedy, mentre chi lo aveva ascoltato alla radio propendeva per Nixon[59]. Qual è la motivazione? Facile: Kennedy era un fico, mentre Nixon era bruttino.

È costruttivo e maturo pensare di non giudicare un libro dalla sua copertina, tuttavia spesso il nostro cervello crea delle associazioni senza che noi ce ne rendiamo conto. In questi casi scende in campo un modo inconscio di ragionare che si chiama effetto alone, ossia il procedimento psicologico tale per cui una caratteristica singola influenza la nostra visione dell'insieme. Se una persona ha un bell'aspetto, ai nostri occhi avrà anche un bel carattere. Pensiamo ai film e ai cartoni animati: i buoni sono sempre belli, mentre i cattivi sono spesso brutti. Espressioni come "faccia da delinquente" o "faccia d'angelo"

---

59 F. Pace, "Psicologia della bellezza: quanto conta esser belli nella nostra vita", State of Mind, 2015.

confermano l'equazione del bello e buono e del brutto e cattivo. Addirittura, secondo le ricerche di Costa e Corazza[60], un bambino bello riesce a fare amicizia più velocemente della media e una persona di bell'aspetto ha più successo in ambito lavorativo.

Essere belle sembra quindi avere un bel po' di vantaggi. A te piacerebbe essere bella? Ti consideri tale? Quando possiamo dire che una ragazza è bella? Una volta mi sono guardata allo specchio e ho pensato che i miei amici e le mie amiche erano stati dei bugiardi a non dirmi mai che ero brutta, bruttissima. Dopo che l'arrabbiatura mi era passata ho realizzato che forse noi fanciulle abbiamo un problemino con il concetto di bellezza. Già, anche questo.

Naomi Wolf parla di "corpo ufficiale", ossia di un tipo di corpo che viene riconosciuto da tutti come universalmente bello. Il corpo ufficiale è quello in cui ci imbattiamo sulle riviste e su Instagram. Hai presente quando scrolli il telefono, vedi un sacco di ragazze bellissime con le chiappe rotondissime in bella mostra e pensi che, dannazione, tu non sei così nemmeno agli occhi di un miope? In quei momenti stai sbattendo alla grande la testa proprio contro il corpo ufficiale. Com'è il corpo ufficiale? Quale aspetto devi avere per essere considerata bella? Be', devi avere la pelle priva di imperfezioni, i capelli lucidi e fluenti, l'iride di un colore raro, un fisico con del-

---

60 M. Costa, L. Corazza, *Psicologia della bellezza*, Giunti, 2006.

le proporzioni che canone aureo levati proprio, devi sfoggiare un guardaroba incredibilmente vario e sempre trendy. Non devi nemmeno sapere cosa sono smagliature, cellulite, grasso, punti neri. E cerca di rimanere giovane, maledizione, non pensare nemmeno a invecchiare. Se ci pensi bene, non è particolarmente difficile aderire a queste richieste. Ti basterebbe essere alta 30 centimetri, fatta di plastica e chiamarti Barbie. O Tanya che era la versione tarocca di Barbie, ma alla fine era uguale, forse aveva solo dei vestiti più scarsi, ma hai capito il punto.

Eppure essere belle è un traguardo che piacerebbe raggiungere a tutte, siamo serie. Cosa possiamo fare allora per essere considerate belle? È un'impresa fattibile? Possiamo essere sanamente belle o dobbiamo per forza firmare un patto con Satana?

Come faccio a essere bella?

In primo luogo, una ragazza oggi deve essere liscia, liscissima, sempre. Ora, spero di non distruggere nessuno dicendo che le ragazze hanno i peli e, appena crescono, ci sembrano immondi e disgustosi. Ricordo che una volta ero in biblioteca e mentre prendevo un libro da uno scaffale ho realizzato di avere i miei primi peli sotto le ascelle. Sono andata al bancone della bibliotecaria con le braccia incollate al corpo e muovendomi come l'uomo di latta pur di non far vedere a nessuno quello che pensavo fosse uno scempio. Del resto siamo abituate a pensare alle donne come lisce e non appena vediamo dei simpatici pelazzi neri, ci sembrano subito disgustosi. Allora inizia il calvario delle creme depilatorie che hanno un odore mefitico, delle schiarenti che a volte ti colorano i peli di rosso, della lametta che però ti fa crescere una foresta, del rullo che ti lascia delle macchie rosse degne della peste, della ceretta che fa un male cane. Non c'è nulla di male a depilarsi, come non dovrebbe esserci nulla di male a non farlo e ogni ragazza dovrebbe scegliere liberamente cosa fare della propria naturale pelliccetta. Eppure non prendiamoci in giro: quando indossiamo un vestito con le gambe depilate, ci sentiamo in pace con l'universo, ma se abbiamo i peli sulle gambe ci vergogniamo come delle ladre. Lo so per certo perché anche io mi sento così.

Poi c'è anche il capitolo sulla cura della pelle. Se scrivi *skincare* sulla stringa di ricerca di YouTube, ti compariranno numerosissimi video con consigli e suggerimenti. Dopo pochi secondi ti sentirai un'inetta perché hai vissuto sino a quel momento senza una pulizia del viso in cinquantotto comodi passaggi quotidiani. La crema di bava di morte riduce i punti neri, il siero di rospo illumina l'incarnato, la polvere dei calli di mia nonna riduce i rossori, gli estratti di rapa diminuiscono la ritenzione idrica. Non lo sapevate? L'ha scritto la migliore fashion blogger del momento sulle pagine di *Sani oggi, forse morti domani*.

Assicurati anche di avere da parte un bel gruzzoletto perché i prodotti di bellezza hanno spesso costi rilevanti. Pensi che per essere belle basti tenere sotto controllo peli e cura della pelle? Non dimenticare la capigliatura tra colori di tendenza, tagli che valorizzano il tuo viso, scalature, impacchi rigeneranti, balsami rinvigorenti. L'obiettivo è sempre quello di avere i capelli come negli spot pubblicitari: lunghi, luminosi, in ordine, fatti in postproduzione al pc.

E non pensare di cavartela dedicandoti solo alla testa! C'è anche tutto il resto! Il corpo bello per definizione è infatti magro, tonico, senza smagliature e cellulite.

«Ma poi prof» mi dice una ragazza in classe «se ci trucchiamo troppo ci dicono che siamo vanitose, se non ci trucchiamo ci dicono invece che siamo trasandate. Ma come facciamo? Non andiamo mai bene!» E con questa, abbiamo centrato in pieno il punto. Fermati un momento perché se parliamo di bellezza c'è il rischio che tu passi la vita a rincorrere una chimera, facendo così la stessa strada che percorre un criceto sulla ruota: nessuna. È bello prendersi cura di sé e vedersi bella allo specchio è una soddisfazione grandissima. Eppure di fronte a una valanga spropositata di prodotti, corsi fitness, linee di abbigliamento, scoppia un senso di inadeguatezza e in fondo al cervello puoi sentire una vocina flebile ma costante che dice: "Non ce la farò mai. Quale crema devo mettere? Perché le smagliature non scompaiono? Che tipo di pelle ho? Sono sane queste macchiette rosse? E i punti neri? Quante volte devo fare la pulizia del viso? Cosa posso fare per la cellulite? Posso fare il laser per i peli?

E se qualcuno mi vedesse struccata? Ho i capelli crespi? Questi jeans mi fanno grassa? Perché non ho mai nulla da mettere? Sembro brutta? Sono un mostro!"

Una discussione: perché dà fastidio che Armine Harutyunyan sia una modella?

Armine Harutyunyan è una modella ventenne che nel 2020 è stata riempita di insulti sui social. Ti starai di certo chiedendo cosa abbia combinato per meritarsi questo trattamento. Be', ci troviamo di fronte a uno dei tanti casi di odio gratuito. Armine è comparsa nella lista delle cento donne più sexy del mondo stilata dal direttore creativo di Gucci, Alessandro Michele. Non appena la notizia si è diffusa, le foto della ragazza su Instagram si sono riempite di offese e commentacci relativi al suo aspetto. Armine è stata infatti accusata di essere brutta e di non essere adatta alla professione di modella. Perché le persone sono così disturbate dal fatto che questa ragazza sia una modella? Ho chiesto in classe e la risposta non ha tardato ad arrivare. «Eh, prof, quella non sembra una modella vera, tanto vale che anche mia sorella sfili, allora! Se quella è una modella, lo posso fare anche io!»

Il punto è che noi abbiamo in mente un preciso e univoco modello di bellezza e tutto quello che si allontana da questo viene considerato brutto. Armine, per esempio, ha il naso adunco e le sopracciglia molto folte e nessuno di questi due tratti corrisponde alla bellezza prototipica a cui siamo abituati e abituate a pensare. Vedere una ragazza ben lontana dal nostro standard di bellezza fare la modella manda in corto circuito il nostro cervellino, che inizia così a vomitare insulti.

Se fai un passo indietro, vedrai che qui ci sono tutti i presupposti per crearci una vita di sofferenza e di complessi. Se diamo retta a questo ragionamento, c'è un solo modo per essere belle e se non siamo così, dobbiamo vergognarci e flagellarci per l'esistenza intera? Inizio a piangere in un angolo?

La prigione della bellezza

Tra una domanda e l'altra il battito cardiaco aumenta come quando si corre e, senza nemmeno rendercene conto, ci troviamo nel bel mezzo di una estenuante maratona. Da quando entra nella pubertà, una ragazza sente l'imperativo di dover essere sempre bella e perfetta, di dover costantemente inseguire il prodotto migliore, di dover immolare il proprio portafoglio alla dea bellezza. Quando vedo una bambina che guarda il proprio riflesso in una vetrina, so già che l'inferno è già iniziato per lei.

Il problema della bellezza è che nulla ci pare mai abbastanza. Quando posso dire di essere davvero bella? Basta che lo dica mia mamma? No, lei lo dice solo perché mi vuole bene! Allora le amiche, va bene se loro mi dicono che sono bella? Ovviamente no, cosa dovrebbero dirmi le mie amiche? E gli sconosciuti, quelli che fischiano per strada? Be', loro sono maleducati, mi fanno sentire male quando fanno così! E perché a volte mi fa male guardarmi allo specchio? Perché non mi piace mai quello che vedo? Perché la mia immagine non è mai tanto bella quanto quelle su Instagram? Forse se comprassi qualche prodotto specifico o se mi facessi un ritocchino, sarei più bella. Sai che l'86% delle persone che ricorre alla chirurgia plastica in Italia è donna? Indovina? Gli interventi maggiormente richiesti sono l'aumento del seno e la liposuzione[61].

Senti un po', forse è il momento di smetterla di essere ossessionate dalla bellezza, che ne dici? Pensaci un momento. Quante volte ti sei sentita dire che sei bella? Qual è la principale caratteristica delle principesse con cui sei cresciuta? La bellezza, certo! E le protagoniste dei film? Ovviamente tutte belle! Cosa fanno le bambine sin da piccole? Provano a essere belle! Non è che alle bambine e alle ragazze si mette un po' troppa pressione? Non è che a un certo punto ci convinciamo che per essere amate dobbiamo per forza essere belle? Forse pensiamo addirittura che la bellezza sia la moneta con cui conquistare l'affetto altrui. Essere belle è bello, non raccontiamoci bugie, ma non deve essere il traguardo di una vita e nemmeno una moneta di scambio per altro.

Gli standard di bellezza sono cambiati nel corso dei secoli e sono differenti anche nelle diverse zone del mondo. Eppure a una donna è sempre stato chiesto di essere bella. Da Elena di Troia

---

61 G. Cuter, G. Perona, *op. cit.*

alle moderne reginette di bellezza, la più grande qualità di una donna sembra proprio risiedere nel suo aspetto fisico. Basta anche accendere per poco la tv per notare che una donna ottiene attenzione mediatica solo se è bella. Pensa che nel 2020 la giornalista Giovanna Botteri ha ricevuto dei commenti sarcastici sulla sua chioma non tinta e scarmigliata. Stiamo parlando di una professionista che fa reportage di guerra, ma tutta la sua carriera e la sua bravura sembrano passare in secondo piano rispetto al suo aspetto fisico. "Certo, certo Giovanna Botteri" mi sembra di sentire "vai in luoghi di guerra e scrivi, ma quei capelli grigi?" Mi chiedo se sarebbe successo lo stesso a un uomo spettinato e purtroppo posso immaginare la risposta. Una giornalista deve essere informata, abile, onesta e la bellezza non ha davvero utilità in tale professione. Non è umiliate che una donna intelligente e con grande esperienza professionale venga criticata per i capelli? È come se tu ti facessi in quattro per una ricerca a scuola e l'insegnante ti dicesse che hai studiato e fatto un bel lavoro, ma le tue scarpe non sono abbinate alla maglietta.

Vuoi sapere qualcosa di preoccupante? Le bambine iniziano a pensare al proprio corpo in termini estetici già attorno ai cinque anni[62]. Se il complimento più frequente che si fa a una femmina è: "come sei bella", cosa dovrei aspettarmi? Perché a un bambino dico che è bravo, ma a una femmina che è bella? È proprio così che saltiamo

---

62 Ivi.

su una giostra che pensa di inseguire chissà cosa, ma invece gira in tondo. Nel frattempo la vita scorre e noi ci vediamo ancora brutte, bruttissime, orribili.

Cosa possiamo fare?

In primo luogo non facciamo le ipocrite: è bello essere belle, ma non è tutto e non deve essere un'ossessione. Ci sono tanti modi di essere belle, non solo quello delle modelle. Ogni ragazza dovrebbe sentirsi bene con se stessa, ma soprattutto dovremmo capire che la bellezza non è tutto. Ognuno ha nella vita degli obiettivi da raggiungere come una carriera, un progetto, una famiglia, degli studi. Basare la propria vita solo sull'aspetto fisico sembra un po' riduttivo perché è vero che con quel rossetto saresti molto carina ma, accidenti, puoi fare così tante cose nella vita oltre a ossessionarti perché hai le smagliature.

E poi io te lo dico: non sarà la bellezza a salvare il mondo (ok, ok, la frase è di Dostoevskij, non mia). Essere bella non deve essere il traguardo della tua vita perché ti giuro che puoi aspirare a molto di più.

Sei una balena e mi fai schifo

A ottobre del 2020 il Daily Mail ha pubblicato una foto di Billie Eilish che camminava tranquilla per Los Angeles con una canottiera e un paio di pantaloncini scrivendo come didascalia: "Billie Eilish senza i suoi classici vestiti larghi".

Lo schifo di internet si è subito innescato e sotto quella foto si sono letti commenti del tipo: "A me fa senso quella pancetta per il resto mi sembra normale dai", "comunque fa più schifo di Adele dieci anni fa", "ha messo su peso", "a me ha sempre fatto schifo pure conciata bene, è proprio la base che mi disgusta", "quella pancia fa senso", "sembra una vecchia", "dovrebbe iniziare a pensare di prendersi cura di se stessa". Billie Eilish è una ragazza che a diciotto anni ha vinto cinque Grammy e tutto ciò che importa è il suo aspetto fisico? La cantante ha raggiunto in giovane età traguardi artistici che la maggior parte delle persone non raggiungerà mai, ma degli sconosciuti si permettono di offenderla senza nemmeno averci parlato di persona? Qual è il punto? Puoi arrivare fin dove vuoi, ma se sei una donna, conti solo per il tuo aspetto.

Ti è mai capitato di essere trattata in modo simile? Be', si tratta di *bodyshaming*, ossia di derisione del corpo. Ogni volta che qualcuno è preso in giro, deriso, offeso per una o più caratteristiche del suo corpo, è vittima di *bodyshaming*. So cosa stai pensando: "A volte succede, ma io sono forte e non mi importa nulla di cosa dicono gli altri, mi basta piacere a me stessa! Girl power!" Siamo sincere per un attimo, però. Siamo bravissime a dire che non ci importa nulla del giudizio altrui, che siamo impermeabili alle critiche, ma siamo delle grandi bugiarde. Sappiamo benissimo che se riceviamo dieci complimenti e un solo insulto, sarà proprio quest'ultimo a ronzarci nella testa per giorni, mesi, addirittura anni. Io mi ricordo ancora di quel ragazzo alle superiori che mi chiamava "culona" e per anni ho avuto vergogna a indossare i pantaloni a vita alta perché non sono adatti alle culone.

Così lo specchio resta uno dei nostri grandi nemici. "Del resto, se mi hanno detto che sono una balena, forse hanno ragione. Forse sono troppo grassa? Certo, se perdessi qualche chilo? E il seno? Perché non cresce? Il naso poi, è più curvo di un tornante di montagna!" Poi arrivano il disagio e la vergogna e il nostro corpo si tramuta in una carcassa immensa che vorremmo soltanto nascondere. A volte poi sopraggiunge la rabbia, quella forte, combattiva, che sa il fatto suo. Perché tutti si sentono in dovere di esprimere il loro parere sul mio corpo? Da quando il mio corpo è di dominio pubblico? Posso avere anche un milione di difetti, ma perché degli sconosciuti si sentono legittimati a giudicarmi? So fare un sacco di cose, devo davvero stare male perché ho il naso storto?

E una volta che ci siamo arrabbiate, cosa possiamo fare? Cerchiamo di capire come siamo arrivate a questo punto, come è successo che chiunque si sente in dovere di dire la propria sui nostri corpi. In primo luogo viviamo in una società che non accetta la diversità. Numerosi passi sono stati fatti negli ultimi anni, ma la strada è ancora lunga. Questo significa che se il tuo aspetto non è simile a quello di una Barbie, hai qualcosa che non va.

In secondo luogo l'aspetto fisico è diventato sempre più importante per le donne, come se fosse una carta d'identità. Siamo infatti immersi e immerse in un mondo in cui le donne sono spesso ridotte a manichini perfetti e quindi chiunque si sente in dovere di far notare che no, non siamo come sulle copertine. Peccato che le persone vere sono molto di più di una manciata di connotati fisici e se fosse tangibile il male che certi commenti fanno, forse le persone ci penserebbero due volte prima di aprire la bocca.

Ricordati sempre che il tuo corpo è solo tuo e non è di certo dovere di qualcun altro dirti come dovresti essere. Rileggi questa frase cento volte perché capirla in teoria è semplice, applicarla in pratica molto meno. Nessuno può mettere becco sul tuo corpo se non te stessa. Ah e un bel "fatti i fatti tuoi!" fa sempre il suo sporco lavoro. Inoltre diciamolo, spesso siamo proprio noi a essere quelle che fanno *bodyshaming*. No, non fingere di essere immacolata. Quante volte abbiamo guardato con sufficienza una ragazza che indossava una gonna corte e le si vedeva la cellulite? Quante volte abbiamo criticato una ragazza dicendole che è troppo magra e che deve mangiare di più? Quante volte abbiamo segretamente gioito vedendo un difetto fisico sul corpo di un'amica? Quante volte critichiamo le donne che hanno effettivamente il corpo standard? Ci siamo cascate tutte e quando l'abbiamo fatto, stavamo nelle schiere del patriarcato. Smettiamo di giudicare il corpo delle altre donne perché ognuna ha il diritto di essere come le pare senza il bisogno di giudizi da parte di tutti quanti, noi comprese.

E se il nemico non fosse lo specchio?

Di primo acchito potremmo dire che la *body positivity* è l'antidoto al *bodyshaming*. Mi scrivi su Instagram che sono una balena? Perfetto, il tuo commento non mi ferisce perché io ho imparato ad amare il mio corpo. Oppure ti spengo con un commento da gran signora e ti saluto. Lizzo è un'artista ammirata anche per la forza nel portare avanti il concetto che un corpo plus-size ha la stessa dignità di qualsiasi altro corpo. Poi però Adele perde peso e il web esplode di gioia per lei, come se perdere dei chili fosse il trofeo più prestigioso della vita di una pluripremiata cantante di fama internazionale.

Facciamo un passo per volta.

Amare il proprio corpo, accettare i propri difetti e imparare a valorizzarsi sono fantastici traguardi su cui bisogna lavorare per tutta la vita. Però è giusto sforzarsi e faticare per amare il proprio corpo? Non dovrebbe essere un mio diritto? Non sarebbe meglio vivere in un mondo che insegna ai bambini e alle bambine che io sono in un modo, tu in un altro e andiamo bene entrambi? Perché dovrei sputare sangue per fare qualcosa di naturale come volermi bene? Spesso passiamo la vita in lotta con il nostro aspetto e trascorriamo troppo tempo a odiare il nostro corpo. Non ci sentiamo mai abbastanza magre o belle e talvolta diventiamo schiave di difetti fisici che dall'esterno non sono tanto evidenti come nella nostra mente. Allora cerchiamo di volerci bene, ci sforziamo e magari raggiungiamo anche il traguardo. Eppure siamo sincere: per ogni donna che riesce ad amare il proprio corpo ce n'è almeno un'altra che non ce la fa. Pensi davvero che tutte le ragazze del mondo abbiano la combattività e il carattere di Lizzo? Io non penso proprio perché io in primis non sono per nulla così. La serenità non dovrebbe essere concessa solo a chi, per motivi vari, ha più forza o autostima. Sarebbe bello vivere in una società in cui ciascun corpo ha la sua dignità a priori e in cui la bellezza non è il valore primario. Ricordiamoci che nessuno dei nostri tratti caratteristici è positivo o negativo di per sé, ma parliamo di costruzioni sociali, ossia di come il mondo ci insegna a guardarci e giudicarci.

Impariamo a conoscere il corpo umano!

Uno dei problemi fondamentali è che non conosciamo il nostro corpo. O meglio, sappiamo come funziona il corpo umano, ma ci ostiniamo a pretendere che il nostro non abbia difetti. Ci accaniamo contro noi stesse perché pretendiamo di non avere smagliature, punti neri, cellulite. Sappiamo che non possiamo essere perfette, probabilmente lo diciamo spesso a voce alta ed è anche possibile che critichiamo apertamente qualche amica o conoscente che spende troppi soldi e tempo in cure di bellezza. Eppure quando siamo sole a tu per tu con lo specchio è un vero e proprio disastro. A voce alta diciamo: "Il mio aspetto non mi interessa più di tanto, la personalità è molto più importante, non sono di certo schiava dell'aspetto fisico, non sono frivola e vanitosa". Però in testa abbiamo una voce tanto sottile quanto snervante che ci sussurra: "Non sarebbe bello se tu fossi perfetta? Se tu fossi bellissima e senza imperfezioni?"

Il punto è che noi chiediamo e pretendiamo dal nostro corpo un risultato che in natura non esiste. Pretendiamo che sia perfetto e standard il corpo umano che in quanto tale è imperfetto e diverso da individuo a individuo. Ovviamente non ci siamo sognate tutto ciò. Come già detto, siamo abituate a vedere rappresentato un solo tipo di corpo e non appena ci discostiamo da questo modello, ci sentiamo sconfitte e fallite. Se io insegno a un bambino o a una bambina che tutte le mucche sono bianche e nere, appena vedrà una mucca marrone, sarà turbato o turbata. Allo stesso modo se vediamo un solo tipo di corpo, appena ne vediamo uno differente, saremo perplesse. Se poi il corpo diverso in questione è il nostro, allo stupore si sostituisce il dolore e il senso di inadeguatezza.

Ognuno ha il proprio corpo e ogni sua variante dovrebbe essere rappresentata e normalizzata. Non ho mai visto nessuna modella con le smagliature ed è ovvio che, se le vedo sul mio corpo, mi sembra di essere merce difettosa. Eppure non lo sono. Spesso ci sentiamo in dovere di essere perfette, ma al tempo stesso ci sentiamo vanitose e vanesie se ci concentriamo troppo sull'aspetto. Dovremmo forse essere naturalmente Barbie? Lo sappiamo che le bambole sono finte? Ah, sai che le proporzioni con cui Barbie è stata costruita sono sbagliate? Ha il collo così esile che nel mondo reale non riuscirebbe a sostenere la testa, per esempio.

Non fare il maschiaccio!

Se sei una ragazza, sai di certo che i vestiti meriterebbero un libro a parte. Se sono una femmina, devo vestirmi in un certo modo? Ti è mai capitato di sentir parlare di abiti femminili? Di solito sono considerati femminili le gonne, i trucchi, le scarpe con il tacco e tutto ciò che riporta la mente al tranquillizzante stereotipo della donna.

E se non ti interessano questi tipi di vestiti, cosa succede?

Tra la seconda e la terza media ero molto orgogliosa di essere definita come un maschiaccio. I miei compagni di classe mi chiamavano "Paolo il muratore" (sarebbe stato più logico Giulio, ma evidentemente mi sono dimenticata qualche particolare). Spesso indossavo le magliette di mio fratello, mi dichiaravo disgustata dal trucco, avevo sempre e solo Etnies ai piedi, per un periodo sono stata in fissa con il wrestling, avevo una motoretta da cross, a un certo punto mi tagliavo i capelli corti da sola, ma invece di sembrare una ribelle, sembravo un fungo. Nel complesso il risultato era abbastanza grottesco, ma io ne ero davvero fiera.

Il punto è che io mi comportavo "da maschio" perché pensavo che questi fossero migliori delle femmine. Non volevo essere considerata debole o frivola e quindi mi vestivo come chi non è mai etichettato come fragile e vanesio: i maschi. In questo modo pensavo di essere immune a tutti i luoghi comuni che vengono attribuiti alle donne. Mi sbagliavo alla grande, ma ci ho messo anni a capirlo. Non devi mai scimmiottare un uomo per sentirti migliore, non devi mai imitare un ragazzo solo per sentirti all'altezza di qualcosa. Se agiamo in questo modo, rinforziamo il patriarcato perché è come se ammettessimo che essere uomini sia migliore dell'essere donna.

Cosa succede se una ragazza si trova più a suo agio con un abbigliamento ritenuto maschile? Se a una donna non interessano davvero gonne, pizzi e trucchi cosa possiamo fare? Se una persona non risponde al canone estetico femminile?

Se una ragazza non indossa le gonne, ha i capelli corti, non si trucca e ama gli sport, viene bollata come "maschiaccio". Tutti ne abbiamo avuta una in classe e se non ti risulta, be', allora sei tu. Ti è mai capitato di sentirti osservata e giudicata? È speciale lo sguardo di chi ti squadra, sai? È un modo di guardare innervato di disprezzo, disgusto e ignoranza così intenso da poterti far sentire un sacco della spazzatura. "Perché non ti trucchi? Saresti così bellina con un po' di matita! Ma perché metti questi vestiti larghi! Non si capisce nemmeno che sei una femmina! E i capelli? Li vogliamo far crescere? Ti mangi le unghie? Ti sembrano le mani di una signorina? Ma ti vesti sempre di nero! E le gambe? Vuoi chiudere le gambe quando stai seduta? Sei o non sei una signorina? Puoi non ridere in modo così sguaiato? Giochi a calcio? Sarai una schiappa! Ma perché ti imbruttisci così? Hai dei lineamenti così carini!"

Siamo sincere: questi commenti fanno dannatamente male anche se fingiamo di essere indifferenti. Ci sono i bisbigli, i risolini, i pettegolezzi che feriscono più di ogni colpo fisico. E poi c'è quella maledetta vocina dentro la testa che ti dice che forse hanno ragione gli altri, che magari sei tu a essere sbagliata, che, accidenti, le femmine dovrebbero vestirsi e comportarsi in modo differente dal tuo. Perché non ci riesci? Che problemi hai? E allora inizi a sentirti in colpa. Se senti qualcuno ridere sull'autobus, preghi che non lo stia facendo di te. Se ci sono dei ragazzi per strada, abbassi lo sguardo e "diamine, fai che non mi notino, fai che non mi dicano nulla". Gli occhi, maledizione, te li senti sempre tutti puntati addosso come i fucili di un plotone di esecuzione. Senti i giudizi delle persone, i commenti, il sarcasmo. "È una femmina, ma fa finta di essere un maschio: è sbagliata".

E poi a volte pensi pure che, tutto sommato, potresti anche provarci. Potresti tentare di essere come *loro* ti vogliono. Basterebbe cambiare un po' il tuo guardaroba o il modo in cui sei. Il mondo sembra dirti che esiste un solo modo per essere ragazza, un solo modello e se non aderisci a questo, mi dispiace baby, sei morta. Non ti piacciono gonne, pizzi e trucchi? Allora sei spacciata. Perché se sono una femmina, devo essere obbligata a vestirmi in un solo modo? Siamo circa 4 miliardi: ha forse senso supporre che 4 miliardi di donne si debbano vestire allo stesso modo e avere gli stessi gusti? Nemmeno tra sorelle si hanno gli stessi gusti!

Il punto è questo: appena una ragazza si allontana dallo stereotipo femminile e si avvicina a quello maschile, viene chiamata "maschiaccio". Ora, la parola maschiaccio è un alterato peggiorativo, quindi un maschiaccio è una brutta copia, una versione tarocca di un maschio. E se mi piacesse vestirmi senza fronzoli? E se non mi andasse di truccarmi? E se volessi avere i capelli corti? E se mi piacesse giocare a calcio? Sarei forse meno femmina? Sarei forse un fenomeno da baraccone? O forse sarei semplicemente una persona che fa ciò che le piace?

Cosa possiamo fare?

Sai perché le donne che assumono atteggiamenti o tratti stereotipicamente maschili creano problemi? Perché disattendono le aspettative. Il patriarcato e gli stereotipi di genere ci hanno insegnato che esistono due modelli; una donna che si veste come un uomo non si inserisce in questa dicotomia e manda in tilt il cervello di chi pensa ancora che esistano "cose da maschio" e "cose da femmina". Ecco qui spiegato l'arcano.

Forse però la faccenda andrebbe vista da un'altra prospettiva. È necessario sessualizzare ogni capo d'abbigliamento, passione o carattere? È necessario che se ti vesti in un modo sei una femmina , in un altro sei un maschio? E se ribaltassimo tutto? Non sarebbe più bello se ognuno potesse vestirsi come vuole e basta? Non sarebbe fantastico se ognuno potesse praticare lo sport che desidera? Gli stereotipi di genere sono molto tranquillizzanti: se vedo una persona con la gonna è donna, con i capelli corti è uomo. Il problema è che questa semplificazione non rispecchia il mondo reale perché fa soffrire tutte le persone che non si riconoscono nei due modelli standard.

Vestiti come vuoi e non come ti senti in dovere perché non c'è nessun modello oggettivo che tu debba rispettare. Se proprio vuoi un consiglio, cerca di essere comoda e di sentirti a tuo agio nei tuoi capi. Per il resto, davvero, fai quello che ti pare. Esprimiti, cambia e varia. Puoi anche vestirti un giorno come Britney Spears e quello successivo come gli Slayer; a volte bisogna fare un po' di tentativi per trovare la propria strada. Ah, e se non sai chi sono gli Slayer, fermati e vai su Google, accidenti. Se invece non sai chi è Britney Spears vuol dire che sono proprio vecchia. Ogni persona ha il diritto di vestirsi e comportarsi come vuole, senza dover essere giudicato o giudicata. I vestiti sono un modo con cui una persona si esprime ed è sciocco pensare che tutte le femmine si vogliano esprimere allo stesso modo. Una ragazza può amare il rosa e i brillantini, un'altra può amare i capelli cortissimi e le magliette larghe e vanno entrambe benissimo, basta che siano contente e a loro agio.

Non banalizziamo il problema, però. Per chi sceglie di non seguire lo stereotipo femminile, la vita è più dura, ricordiamocelo. Proprio per questo motivo dobbiamo essere unite. Ricordiamoci che ognuno ha il diritto di essere come vuole e che non spetta a noi giudicare nessuno. Anzi. Dovremmo sostenere e aiutare chiunque inciampi in giudizi meschini e commenti inadeguati. Iniziamo noi stesse a non commentare il modo in cui si vestono o si comportano le persone perché molto spesso facciamo del male senza accorgercene. E poi andiamo avanti, giorno dopo giorno senza sentirci obbligate a rispondere a nessun obbligo o immagine.

A fantastica: perché urlare cose per strada non è un complimento

Un mercoledì stavo per fare la sesta ora in dad. Era il primo giorno dopo le vacanze di Pasqua, la mia squadra era stanca e io non avevo voglia di fare narrativa. Leggere un libro in didattica a distanza è osceno a dir poco. Le palpebre diventano pesanti e lo stomaco non smette di brontolare. Sinceramente non mi ricordo nemmeno che libro fosse.

A un certo punto un ragazzo alza la mano e mi chiede se possiamo parlare di *catcalling*. Loro sanno benissimo quali argomenti sono in grado di farmi perdere l'ora intera, ma ignorano che a volte nemmeno io ho voglia di fare lezione. Non potevo lasciarmi scappare l'occasione.

Per *catcalling* intendiamo i fischi e i commenti che vengono rivolti alle donne. Ti è mai capitato di camminare per strada e di ricevere apprezzamenti di dubbio gusto da sconosciuti come "Ehi bella, come stai?", "Sei bellissima", "Me lo fai un sorriso?"? Bene, questo è *catcalling*.

Diverse studentesse in classe non hanno avuto difficoltà a capire il problema. Una ragazza ha detto che una volta al mare dei ragazzi da un'auto le hanno urlato dei complimenti, ma lei non si è sentita apprezzata per nulla. Era in costume e ha provato disagio e imbarazzo. Un'altra ha detto che se sta camminando per strada, vuole farsi i fatti suoi e se uno sconosciuto le rivolge una parola, si preoccupa. Un'altra ha puntualizzato che è ingiusto doversi vestire in un certo modo per evitare commentacci da sconosciuti. Un ragazzo ha aggiunto che una persona non ha il diritto di sputare la prima cosa che le passa per la testa a chi cammina per strada. Non conosciamo la storia di chi incontriamo e forse una parola che a noi sembra innocua in realtà è dolorosa o perlomeno fastidiosa o inopportuna. Avrei voluto abbracciarlo forte e dirgli di non cambiare mai.

Poi in classe ho anche visto il lato terribile del *catcalling*. Alcuni ragazzi mi hanno detto che forse è eccessivo demonizzare il fenomeno, che non c'è nulla di male a fare un complimento a una ragazza, che in qualche modo ci si deve provare. Se un uomo adulto si rivolge a una ragazza è negativo, certo, ma tra coetanei non c'è nulla di male. Alla fine fa piacere sentire che siamo belle, no? E poi va bene criticare i fischi, ma cosa c'è di male in un complimento?

Innanzitutto devi capire che un apprezzamento urlato per strada non è un complimento. Un complimento necessita intimità e reciprocità e non c'è nulla di questo tra una ragazza e uno sconosciuto che le urla qualcosa sul suo culo. Se degli uomini in gruppo mi dicono "Abbella", mi sento a disagio, presa in giro o addirittura aggredita. Non mi sento né al sicuro né a mio agio se uno sconosciuto elimina le distanze tra me e lui. E poi chi ha dato il permesso agli uomini di dirmi queste cose? Sono forse un cane? Nessuno urla per strada a una persona che ha delle belle scarpe, perché alle donne si può dire tutto? Perché poi dovrei sentirmi lusingata? Davvero si crede ancora che ci si relazioni così con le donne? No, non sto esagerando.

Qualcuno afferma che atteggiamenti di questo tipo sono sempre esistiti e che il mondo di oggi è diventato troppo complicato. Il punto è che l'umanità si evolve e si lascia alle spalle ciò che non va. Un tempo mangiavamo le bestie morte fuori dalle caverne, ma non per questo lo facciamo ancora.

Si sente anche dire che se condanniamo il *catcalling*, allora non si possono più conquistare le ragazze. In primo luogo le ragazze non sono Danzica, ma al massino Stalingrado (penso sia la battuta migliore del secolo, ti prego di simulare una risata). In secondo luogo una persona non si innamora di un'altra perché si è sentita fischiare per strada. Se pensiamo che le donne siano bestie da attirare con un fischio, forse c'è un problema.

E parliamoci chiaro: anche noi ragazze dobbiamo capire che dei commenti urlati per strada non sono complimenti. Non sono parole di cui andare fiere o che accrescono il nostro valore. Se un ragazzo ti urla qualcosa per strada, quasi di certo vuole far vedere quanto è figo o quanto è bravo a conquistare una preda. Le persone che tengono a te ti trattano con rispetto e, una volta che c'è confidenza con qualcuno, arriveranno complimenti sinceri e piacevoli. Ah, ovviamente un dito medio è sempre una buona risposta a un fischio o a un commento per strada. In questi casi il galateo può andare benissimo a farsi friggere.

Ma perché tante persone, sia uomini sia donne, non capiscono il problema del *catcalling*?

I miei ragazzi fanno fatica a mettersi nei panni di una ragazza perché per tutta la vita sono stati tenuti alla larga da qualsiasi elemento avesse un punto di vista femminile. Non leggono libri "da femmine", non guardano film o serie "da femmine" perché li reputano frivoli. Come possono dunque mettersi nei panni di una ragazza che riceve un fischio per strada? Io non posso capire il tedesco se non ho mai studiato, letto o anche solo prestato attenzione a una parola in tedesco. Allo stesso modo un ragazzo non può capire quanto male può stare una ragazza di fronte a un commento o un fischio urlato per strada. Spieghiamo e facciamo capire tutto ciò che è necessario per vivere in armonia.

Inoltre ti ricordo che viviamo in un mondo in cui i ragazzi vedono in televisione sin da piccoli che è normale che gli uomini fischino e facciano commenti per strada. Spesso si vede anche che le ragazze sorridono ammiccanti. Cresciamo con il modello "dell'uomo che non deve chiedere mai", che fa un commento a una ragazza e quella cade ai suoi piedi. Perché un bambino o un ragazzo non dovrebbe replicare questo modello? L'ha visto così tante volte in tv! Deve funzionare così il mondo reale! Oh, guarda quella che gnocca… *A fantastica*!

Cosa possiamo fare?

Non serve a molto puntare il dito contro il cafone di turno. Una rispostaccia o un dito medio sono soddisfacenti, ma non risolvono il problema.

Dobbiamo curare il mondo dalla culla, dobbiamo educare i bambini sin da quando sono piccoli e aiutare i grandi a capire. Tanti ragazzi credono autenticamente che un "abbella" urlato per strada faccia piacere alle ragazze. Spiega loro che non è così e che invece un atteggiamento simile ti fa sentire a disagio. Racconta che certi tipi di attenzioni sono sgradevoli e che non sono ben accetti. Spesso basta spiegare le proprie ragioni e non possiamo pretendere che qualcuno ci capisca se non ci spieghiamo.

Tuttavia sappi che ci saranno alcuni uomini o alcune donne che ti diranno che te la prendi troppo, che i complimenti non sono nulla di male, che sei una figa di legno. "Alla fine non ti ha toccato, non ti ha fatto nulla di male, ti ha solo detto una cosa carina!" Tu resisti, mandali a quel paese e ricordati il punto della questione. Ricordati che non sei una merce in vendita, che non ti serve l'approvazione di un uomo, che un fischio o un commento non richiesto non sono complimenti. Spiega a chi sbaglia che l'apprezzamento migliore per una persona è il rispetto e non il comportarsi come una bestia in calore.

Leoni da tastiera, analfabetismo funzionale, *hate speech*

Cosimo Pagnani dopo aver ucciso la moglie Maria ha scritto su Facebook: "Sei morta troia". Silvia Romano, volontaria sopravvissuta a un rapimento e tornata viva in Italia è stata definita come "l'ennesima oca giuliva" è le è stato augurato uno stupro. Alla deputata della Camera Laura Boldrini è stato augurato di "essere sgozzata da un nigeriano inferocito per apprezzare le usanze dei suoi amici". I commenti di questo tipo sul web sono tanto atroci quanto numerosi. Come siamo caduti e cadute così in basso?

Il dizionario Treccani definisce l'*hate speech* come l'insieme di insulti e l'incitamento all'odio riversato sui media verso personaggi noti o categorie di persone. Stando ai dati emersi da una ricerca di Amnesty International del luglio 2019, il tema dei diritti delle donne scatena discorsi d'odio nel 4,2% dei casi[63]. Su 150 mila tweet negativi analizzati da Vox, 40 mila erano contro le donne. I picchi di questo tipo di odio si verificano in concomitanza dei femminicidi[64].

A questo punto potrebbe aprirsi un dibattito interessante. Se sono libero o libera di pensare e scrivere ciò che voglio, cosa c'è di male nello

---

63 "Hate speech contro le donne: al via il nuovo monitoraggio", Amnesty International, 2019.

64 S. Garambois, "Hate speech in aumento e le donne sono sempre in pole position", Giulia giornaliste, 2019.

scrivere "troia" sotto la foto di una ragazza in costume? Se è quello che penso, posso scriverlo! L'articolo 21 della Costituzione afferma che "tutti hanno diritto di manifestare liberamente il proprio pensiero con la parola, lo scritto e ogni altro mezzo di diffusione". È però corretto che l'esercizio della libertà di una persona leda la dignità di un'altra? No. C'è una grande differenza tra *free speech* e *hate speech*. Nel primo caso una persona esercita la propria libertà di opinione rispettando i propri simili, nel secondo caso un individuo utilizza insulti ed espressioni forti per incitare all'odio. Esercitare la propria libertà di parola non significa vomitare tutto ciò che passa per la testa, ma esprimere il proprio pensiero con rispetto e gentilezza. In poche parole: se scrivo insulti sotto le foto di una donna su Instagram non sto esercitando la mia libertà di espressione, ma mi sto semplicemente comportando da cretino o cretina.

C'è poco da dire: le donne sono spesso oggetto d'odio sul web. Una donna è spesso una troia, una che cerca solo di scopare, che si mette in mostra per provocare gli uomini, che elemosina attenzioni. Oppure è una figa di legno, se la tira, pensa solo a se stessa. Non ci sono vie di mezzo e non c'è nessuna libertà. Bisogna aggiungere che il corpo delle donne sembra essere di dominio pubblico e chiunque si sente in dovere di commentare in modo aggressivo il peso o le forme di persone con cui non si è mai parlato dal vivo. I profili Instagram di Chiara e Valentina Ferragni sono un ricettario di maleducazione e cattiveria: “Sei ingrassata, pensa a dimagrire”, “conosco il chirurgo che ti ha fatto le punture”, “sei una madre e non dovresti scoprirti”, “smettila di pensare a mangiare”. Come ti sentiresti se uno sconosciuto ti facesse queste osservazioni? Io probabilmente mi metterei a piangere. Visto che allo schifo non c’è mai fine, quando una donna viene stuprata, c’è sempre qualcuno che sui social commenta con un agghiacciante “se l’è andata a cercare” attribuendo la colpa a vestiti, comportamenti o atteggiamenti della vittima quando il colpevole di uno stupro, accidenti che rivelazione, è solo ed esclusivamente lo stupratore e basta.

Ma cosa c’è dietro un odiatore del web? Cosa porta una persona a scrivere su internet frasi che non direbbe mai nel mondo reale? Da dove nasce un accanimento tanto becero verso persone che spesso non si conoscono nemmeno?

Il web, è ben noto, apre le gabbie dei leoni da tastiera. Spesso la scrittura sui social toglie ogni freno inibitorio perché se dico qualcosa di infame in faccia a una persona, non la passo liscia mentre sul web sì, soprattutto se mi rivolgo a qualcuno che non conosco nel mondo reale. Inoltre la presenza di numerosi discorsi d’odio indirizzati al mondo femminile è l’ennesima prova che uomini e donne non godono della stessa dignità. Come posso sentirmi davvero padrona del mio corpo o della mia sessualità se c’è sempre qualcuno che si sente in diritto di commentarmi, giudicarmi, criticarmi, insultarmi? Quali sono poi le regole del gioco? Più una donna è famosa, più è esposta e quindi incassa una quantità maggiore di insulti e malignità? Cosa si vince? Il disprezzo definitivo per il genere umano?

Cosa possiamo fare?

Come donne dovremmo sentirci libere di condividere foto di noi in costume da bagno o da Blastoise senza temere il giudizio altrui. Ogni donna dovrebbe essere libera di caricare sul web un contenuto senza essere inondata di commenti maligni e offensivi. Ogni persona dovrebbe avere dignità e rispetto. Ogni leone da tastiera dovrebbe poi capire la differenza tra libertà e meschinità e, perché no, dovrebbe anche capire che la sua opinione non è richiesta e che non si possono scrivere i commenti più offensivi del mondo e poi giustificarsi in mille modi.

Occhio non vede, cuore duole

Se ti dico di immaginare una donna, perché molto probabilmente penserai a una persona bianca e magra? Siamo abituate a considerare come corpo standard quello delle donne alte, magre e bianche perché è l'immagine che ricorre maggiormente in film, telefilm, pubblicità, riviste. E le altre donne? Perché ce ne dimentichiamo sempre?

Finalmente parliamo del problema della rappresentazione in cui ci siamo già imbattute e imbattuti in diversi momenti. Facciamo un passo indietro: come vengono rappresentate le donne in tv e nei media in generale? A quali donne sono abituati i nostri cervelli? Iria Marañón prende in considerazione alcune trasmissioni televisive e film e nota che in diverse occasioni le trame femminili nelle fiction sono poco importanti, che spesso una donna ha il solo ruolo di essere femmina da salvare, in altri si limita a completare il ruolo maschile in qualità di aiutante, assistente o spalla[65]. Quale messaggio inconscio riceve una bambina da queste narrazioni? Che una donna non potrà mai avere un ruolo di spicco nella vita. Di certo negli ultimi anni sono stati fatti passi in avanti, basti pensare ai numerosi rebooth di film con protagonisti femminili, ma non basta ancora.

In secondo luogo: quante varietà di donne vengono rappresentate in tv? Dove sono le donne nere? E quelle asiatiche? E perché in tv ci sono solo corpi taglia 38-40? Dove sono tutti gli altri? Hai capito dove sto andando a parare? Come può sentirsi a suo agio una bambina di pelle scura se tutte le donne che vede in tv sono bianche? Come può essere sicura di sé una ragazza taglia 50 se è circondata da attrici, modelle, presentatrici solo ed esclusivamente magrissime?

Come già detto, non possiamo obbligare ogni ragazza ad amarsi se non la mettiamo nelle condizioni di fare questo importante passo. La condizione necessaria per amarsi è vedere il proprio corpo rappresentato e quindi legittimato. In poche parole: se il mio tipo di corpo non compare mai nei media, penserò di essere diversa e sbagliata. Al contrario se donne come me compa-

65 I. Marañón, *op. cit.*

iono in tv, mi sento rappresentata e mi viene da dire: ehi, quella è come me!

I fiumi di porpora

Durante l'estate tra la quinta elementare e la prima media ho avuto le mie prime mestruazioni. Non c'è stato nulla di traumatico: mia mamma mi aveva già raccontato la storiella e non ho avuto particolari dolori. Ricordo però che mia madre disse a mio padre che "ero diventata signorina" e che lui mi diede un'imbarazzata pacca sulla spalla. Ci hanno insegnato a parlare delle mestruazioni come di qualcosa di sporco e limitante e forse è il momento di chiarire la faccenda.

Cosa sono le mestruazioni?

Ogni mese il corpo di una donna si prepara a una possibile gravidanza. Mensilmente le ovaie portano infatti a maturazione una cellula uovo. Nel frattempo, l'utero sviluppa una membrana mucosa, l'epitelio endometriale, per accogliere l'ovulo fecondato. Una volta maturato, l'ovulo cerca di raggiungere l'utero attraverso le tube. Se nel tragitto la cellula uovo incontra uno spermatozoo, viene fecondata e dà avvio a una gravidanza. Se l'ovulo non viene fecondato, l'endometrio si sfalda e le vene e le arterie sottostanti creano un flusso di sangue misto al tessuto distaccato. Questa perdita prende il nome di mestruazione. Le mestruazioni si verificano cinque giorni circa ogni ventotto, per un totale di 400-450 volte durante la vita femminile.

Se sei donna passi insomma diversi giorni al mese a sanguinare senza morire. Nonostante questa sia palesemente un'abilità da supereroine, le mestruazioni non hanno mai goduto di grande stima nel corso dei secoli. Anzi.

Un disgusto millenario

Nel Levitico sta scritto: "Quando una donna abbia flusso di sangue, cioè il flusso nel suo corpo, la sua immondezza durerà sette giorni; chiunque la toccherà sarà immondo fino alla sera"[66]. Da Ippocrate in poi si è sempre pensato che il ciclo mestruale fosse segno di instabilità, mancanza di armonia e equilibrio. Plinio il Vecchio sostiene che il sangue del flusso sia un veleno fatale che decompone e guasta tutto ciò con cui entra a contatto. Nel periodo della caccia alle streghe si sosteneva addirittura che queste preparassero potenti filtri d'amore con il sangue mestruale[67].

"Ah, il buon tempo antico", forse ti verrebbe da dire scuotendo la testa. Eppure l'abbiamo già detto: fino al 1963 per la legge italiana le donne non potevano accedere alla magistratura perché "fisiologicamente tra uomo e donna ci sono differenze nella funzione intellettuale e questo specie in determinati periodi della vita femminile"[68]. In

---

66 Levitico 15, 19-31.

67 G. Mele, *Magia popolare: le legature con il sangue mestruale*, Academia.edu.

68 S. Bencivelli, "Il tabù delle mestruazioni: quello

definitiva, per tutta la storia, la donna con le mestruazioni è una bestia immonda, sporca, volubile, instabile che non può svolgere innumerevoli mansioni, professioni comprese. A decretarlo sono stati uomini del passato digiuni di conoscenze scientifiche approfondite e ignoranti del mondo femminile; perché si sarebbero mai dovuti sbagliare? Del resto non ti senti perfettamente rappresentata da queste definizioni?

Uno sguardo al mondo…

Il mondo antico abbondava di credenze che si sono univocamente rivelate errate nel corso degli anni. Tuttavia, la faccenda inizia a essere problematica se pensiamo al trattamento riservato alle donne mestruate in alcune parti del mondo. Il *chaupadi* è un'usanza diffusa in Nepal, dove una donna durante il ciclo mestruale non può partecipare alla vita collettiva perché considerata impura. Di conseguenza per circa cinque giorni al mese le ragazze vengono segregate in capanne senza cibo o acqua, diventando possibile pasto per animali selvatici. Solo nel 2005 questa barbarie è diventata illegale, ma viene ancora praticata presso alcune comunità rurali[69].

Nell'Africa subsahariana una studentessa su dieci non va a scuola durante il periodo delle me-

---

che le donne ora dicono", la Repubblica, 2017.

69 K.C. Reeti, "In Nepal, Menstruation Can Mean Days in Isolation", Thomson Reuters Foundation News, 2015.

struazioni[70]. I tabù legati alle perdite di sangue sono forti, ma molte studentesse semplicemente provengono da famiglie povere che non possono permettersi l'acquisto di assorbenti. Le ragazze si arrangiano con pezze, ma anche foglie secche, fango, letame, pelli di animali. Non devo di certo venirtelo a spiegare: in condizioni simili è tanto imbarazzante quanto faticoso uscire di casa e le infezioni proliferano velocemente. Risulta più semplice saltare la scuola per qualche giorno al mese. In questo modo le assenze aumentano, le ragazze faticano a rimanere al passo con il programma scolastico, possono perdere l'anno o abbandonare gli studi. Però sono femmine: poco importa se non sono istruite, giusto? Sono stati realizzati progetti per distribuire assorbenti usa e getta[71], ma molte scuole sono prive di acqua e gabinetti . Sono stati proposti piani per la distribuzione di assorbenti riutilizzabili, ma disporre di acqua e detersivi per lavarli non è sempre facile in Africa[72].

… e uno in casa

Ci fa sentire spesso superiori guardare ad alcune zone del mondo perché da noi, suvvia, è un'altra

70 C. Da Rold, "Donne, la lotta per l'emancipazione si misura anche con gli assorbenti", Infodata, 2019.

71 "In Kenya il governo distribuirà assorbenti gratis", Terre des Hommes, 2017.

72 A. De Gregorio, "In Africa, in "quei giorni", niente scuola per una ragazza su 10", La ventisettesima ora, 2015.

storia. Eppure, in Italia le mestruazioni restano un tabù. Pensiamo alle infinite perifrasi ed eufemismi come: "ho le mie cose", "mi è arrivato il ciclo", "sono nel Mar Rosso", "è arrivato il Marchese". Le mestruazioni sembrano più impronunciabili di Voldemort.

Hai mai fatto caso alle pubblicità degli assorbenti? In primo luogo, il liquido che dovrebbe simulare il flusso sanguigno è di un asettico e pulito blu e non rosso. Vuoi vedere che in fin dei conti siamo davvero tutte principesse e abbiamo il sangue blu? In secondo luogo, si parla di profumo e mai di assorbenza, eppure non è necessario spiegare quale dovrebbe essere la funzione primaria di un oggetto che si chiama "assorbente". In terzo luogo, si dice con orgoglio che gli assorbenti sono discreti e non si vedono. Ciò significa che la missione primaria di tali oggetti è quella di nascondere le mestruazioni? Io di solito nascondo ciò di cui mi vergogno, non ciò che è naturale!

Del resto è noto: se una donna ha le mestruazioni, gli specchi si fanno opachi, la maionese non monta, il vino e la passata di pomodoro inacidiscono, i fiori appassiscono, pane, pizza, dolci non lievitano. Il tocco di una donna mestruata, è un dato di fatto, vale come quello di un demone disgustoso che priva di vita tutto ciò che incontra.

Ti sei innervosita a leggere queste affermazioni? Hai le tue cose?

Gli assorbenti sono un lusso

Forse una questione più di tutte esemplifica il problema che l'Italia ha con le mestruazioni: la tampon tax, ossia l'Iva applicata agli assorbenti. L'Iva è un'imposta che viene applicata sul valore aggiunto di ogni fase di produzione di scambio di beni e di servizi. È un incremento del valore delle materie prime iniziali per l'intervento del lavoro, delle macchine e delle attrezzature.

Esistono diverse aliquote di Iva. L'Iva è al 4% su generi ritenuti di prima necessità come latte, formaggi, ortaggi, frutta, occhiali, protesi per l'udito, libri, giornali, volantini e manifesti elettorali. L'Iva è al 10% su gran parte dei prodotti alimentari come carne, birra, cioccolato, tartufo, merendine, ma anche medicinali, trasporti, spettacoli, servizi turistici. Infine l'Iva è al 22% per tutti gli altri beni e servizi considerati non primari come abbigliamento, beni di lusso, tecnologia, automobili.

Qual è l'Iva per gli assorbenti? In Francia l'imposta è al 5,5%, in Olanda al 6%, in Repubblica Ceca e Lituani al 5%, in Lussemburgo al 3%, in Irlanda, Canada, Scozia, Inghilterra l'aliquota è stata abolita. E in Italia?

Il 14 maggio 2019 è stato respinto l'emendamento che intendeva abbassare la tampon tax dal 22 al 5%. La motivazione è stata di natura economica: il costo della riduzione dell'Iva al 10% sarebbe infatti costato allo Stato italiano ben 212 milioni, mentre l'abbassamento al 5% avrebbe sfiorato addirittura i 300 milioni. L'Italia non se lo può permettere, s'è detto. Con il Decreto Fiscale 2020 invece l'Iva è stata effettivamente abbassata al 5%, ma solo per gli assorbenti biodegradabili che sono comunque più costosi di quelli usa e getta e sono dunque utilizzati da meno donne. Infine nel 2021 è stato approvato il taglio dal 22% al 10% dell'Iva su prodotti assorbenti per l'igiene femminile. Ciò significa che per lo Stato italiano, una Kinder Delice o un tartufo sono tanto indispensabili quanto un assorbente in un giorno in cui una donna zampilla sangue.

È indubbiamente positivo che l'Iva sugli assorbenti sia stata abbassata, ma nel nostro Paese dobbiamo comunque pagare per essere donne? Perché dobbiamo pagare l'Iva per un prodotto che non scegliamo di usare? Perché gli assorbenti non possono essere almeno considerati un bene di prima necessità?

Siamo messe malino

Forse un po' di colpa è anche nostra. Spesso siamo cresciute con l'idea che le mestruazioni siano una faccenda da donne, un segreto doloroso da sopportare stoicamente. Se abbiamo le mestruazioni e non abbiamo un Tampax, come lo chiediamo? Tendenzialmente sottovoce. Se dobbiamo andare a cambiare l'assorbente come lo prendiamo? A volte lo nascondiamo in tasca o nella manica con dei movimenti furtivi che farebbero invidia alle spie del Kgb. Quando abbiamo il flusso abbondante quanta paura abbiamo di esserci sporcate? Tanta. Quanta ansia abbiamo che le persone ci vedano sozze di sangue, novelle Patrick Bateman in una sorta di Menstrual Psycho? Tantissima. Se stiamo parlando di mestruazioni e arriva un uomo, cosa facciamo? Cambiamo discorso perché, accidenti, gli farà di certo schifo.

Una volta stavo parlando della pubblicità degli assorbenti in classe e un mio studente mi ha detto che noi siamo abituati e abituate a vedere film in cui le teste saltano e il sangue si spreca, ma un film scelgo di vederlo mentre una pubblicità capita e non è sempre bello vedere "certe cose". Ho pensato che fossero ancora piccoli per capire e forse che, ancora una volta, non sapevo come risolvere un gigantesco problema.

Sai che spesso sulle confezioni di assorbenti non sono riportati i materiali usati? Sai che in qualche caso sono stati usati materiali tossici[73]? Sai che l'endometriosi è una malattia ginecologica fortemente invalidante ma ancora così poco nota e studiata che spesso viene confusa per un comune "mal di pancia da ciclo"?

Per natura noi donne sanguiniamo cinque giorni al mese e abbiamo vari dolori. Inoltre dobbiamo vergognarci, imbottirci di antidolorifici per far finta di stare benone e pagare allo stato un bene necessario come se fosse qualcosa di lusso. Forse dobbiamo cambiare qualcosa.

---

73 E. Thiébaut, *Questo è il mio sangue*, Einaudi, 2018.

Cosa possiamo fare?

Il paradosso delle mestruazioni sta nel fatto che sono un evento naturale, ma da sempre contornato da imbarazzo, vergogna, silenzio. Il corpo femminile è esito dell'evoluzione e quindi funzionale in ogni suo meccanismo. Le perdite mestruali andrebbero normalizzate, considerate una funzione naturale del corpo umano come soffiarsi il naso. Per raggiungere questa meta, però, la strada è lunga e non bisogna mollare. Ti prego, pensa alla funzionalità del tuo corpo e non considerare il tuo essere donna come un'ingombrante ferita mensile. Cresciamo in un mare di falsi miti sulle mestruazioni e davvero, non sprecare il tuo tempo e la tua energia con questi. Sanguinerai cinque giorni al mese per un sacco di anni, è vero, ma non farti limitare. Non pensare che sei scocciata perché "hai le tue cose" e basta; magari qualcuno ti ha trattato male per davvero.

Dobbiamo guardare a Rayka Zehtabchi che ha girato il documentario premio Oscar *Period. End of Sentence*, a Élise Thiébaut che ha scritto *Questo è il mio sangue*, a Onda Rosa che si batte per la tampon tax, alla parlamentare indiana Sushmita Dev che combatte per il problema dell'accessibilità ai prodotti per l'igiene femminile, a House of Irico che promuove la cultura dell'igiene in paesi in cui le donne non sono alfabetizzate, a Kiran Gandhi che corre una maratona senza assorbenti. Dobbiamo guardare alle provocazioni di Joana Vasconcelos, Zineta, Liv Strömquist, Zanele Muholi, Marianne Rosenstiehl e tante altre artiste.

Non poter parlare liberamente del nostro corpo è una forma di oppressione grave. Il tabù delle mestruazioni ci spinge a vergognarci di noi stesse e a pensare di non poter svolgere un mucchio di mansioni. Non dobbiamo sentirci in colpa perché abbiamo le mestruazioni, non dobbiamo nascondere un fatto per nulla vergognoso o immondo, non dobbiamo pagare per una condizione naturale. Il nostro corpo è uno strumento bello e pratico attraverso il quale viviamo, lavoriamo, scopriamo il mondo, ci divertiamo, cresciamo, non un peccato o una vergogna da nascondere. Il nostro corpo, in definitiva, è nostro.

Ma poi, 'sto Marchese, chi diavolo è? Tu l'hai mai conosciuto? È simpatico?

Ce l'hai il fidanzatino?

Mia nonna diceva che mi sarei dovuta spicciare a trovare un fidanzato perché si sa, le femmine dopo una certa età non sono più un prodotto fresco. Per i maschi, aggiungeva, è tutto diverso: un uomo può sposarsi quando vuole, ha anche il lavoro a cui pensare.

I miei primi amori sono stati Milord e Leonardo Di Caprio. Non so cosa trovassi di affascinante nel primo, forse il suo outfit ben poco adatto a combattere le forze del male o la sua incapacità di fare qualsiasi cosa se non lanciare rose a caso. Oggi penso che Sailor Moon sarebbe stata meglio da sola che con quel damerino, ma forse sono solo gelosa. Poi galeotto fu Titanic che vidi al cinema da piccola. Quando andavo all'asilo tenevo una foto di Leonardo Di Caprio sotto il cuscino e a un certo punto gli scrissi una lettera in cui gli dichiaravo il mio amore. A volte mi sveglio nel cuore della notte chiedendomi dove sia finita quella lettera. A ogni modo, Leo non mi ha risposto. Per ora, intendo. Per le grandi cose ci vuole pazienza.

Il problema è che spesso l'amore viene visto dalle femmine come qualcosa di indispensabile, necessario e totalizzante che si concretizza in una sorta di ricerca continua e spasmodica di qualcuno che sia in grado di renderti felice. I pensieri sono comuni e tutte li abbiamo avuti: "Perché non sono fidanzata? Vorrei avere qualcuno al mio fianco che mi renda felice! Tutte hanno qualcuno! Cos'ho che non va? Sono grassa? Sono antipatica? Mi sembra di non valere nulla, di essere inferiore alle altre persone che invece sono innamorate… cosa posso fare?" Sappi che questa è una trappola mostruosa da cui dobbiamo scappare a gambe levate. La realizzazione di una donna non dipende esclusivamente dall'amore. Kate Millett sostiene che "mentre noi amavamo, gli uomini governavano". Possiamo realizzarci in tantissimi modi e l'amore romantico è una possibilità, non un obbligo.

In primo luogo, pensaci bene: è molto egoista pretendere che qualcuno sia responsabile della nostra felicità o che dedichi la sua esistenza a scodinzolarci attorno come un cucciolo di labrador. L'amore non è di certo un servizio e la responsabilità della mia felicità è, per l'appunto, mia. Non posso obbligare una persona ad adoperarsi per rendermi felice perché altrimenti parleremmo di schiavitù e non affetto.

In secondo luogo l'amore sembra giocare un ruolo diverso nella vita di donne e uomini e ciò non è corretto. Se una donna non ha una relazione è una zitella brutta e acida, mentre se un uomo è single, allora è un bomber che può fare quello che vuole. Spesso sembra che un uomo abbia tanto nella vita e che possa realizzarsi in molti modi mentre una donna può fare un po' quel che vuole, ma sarà davvero felice solo se troverà il grande amore della sua vita che si prenderà cura di lei come se fosse una poppante a vita.

Quando mia nonna era giovane, la massima aspirazione di una ragazza era quella di essere scelta da un uomo, portata all'altare e successivamente ingravidata. In passato le donne non avevano importanza, istruzione o valore e per questo potevano aspirare solo a essere mogli e madri che passavano dalla protezione del padre a quella del marito. È successo così per secoli e proprio perché lo sappiamo e abbiamo fatto tanti passi in avanti, dobbiamo evitare che questo modo di pensare vecchio si insinui nella nostra vita di tutti i giorni.

Non è giusto pensare che il traguardo più alto per una donna sia quello di trovare un fidanzato. Ogni ragazza dovrebbe avere delle proprie aspirazioni senza sentirsi in dovere di rispettare un modello femminile vecchio e stantio. Una donna può mettere al primo posto gli studi, il lavoro, lo sport, la famiglia, l'amore o qualsiasi cosa la faccia sentire bene e realizzata. La faccenda importante è che nessuna deve sentirsi in obbligo di avere una mirabolante storia d'amore e nessuna deve sentirsi in difetto. Il mondo è immenso, pieno di occasioni ed esperienze; davvero dobbiamo dannarci per essere come le nostre nonne?

Quello sfigato del principe azzurro

Quando correggo i temi spesso mi capita di capire sin dall'inizio chi è il personaggio destinato a essere l'eroe del racconto. Ciò succede non perché io abbia doti particolari, ma semplicemente perché se c'è un tizio biondo con gli occhi azzurri è automaticamente destinato a essere il figo di turno. Sarà lui a salvare tutti quanti, a trovare l'assassino o a parcheggiare con una sola manovra.

Come siamo arrivate a questo punto? Come ci siamo ridotte a pensare di essere delle fallite se non siamo coinvolte in un mirabolante amore?

Nei migliori romanzi gialli, il colpevole spesso è la persona da cui non ti saresti mai aspettata nulla di male. Nel nostro caso l'indice va puntato contro un giovanotto bello, biondo, con gli occhi azzurri che arriva su un cavallo bianco. Se vuoi, puoi anche fare l'upgrade del modello e sostituire il cavallo bianco con un mezzo a motore o con una bici, ma la sostanza non cambia. Il problema è che siamo state allevate nel mito del principe azzurro e spesso ci mettiamo un sacco di tempo per capire che non esiste.

Hai presente quando a scuola c'è sempre qualche bambino che crede a Babbo Natale anche se è un po' grandicello? Be', se pensiamo che il principe azzurro esista ancora, siamo nella stessa situazione.

Le storie con cui siamo cresciute ci hanno insegnato che ogni donna deve ambire a una storia d'amore, che solo l'amore rende la vita femminile piena e completa e che senza una love story, la tua esistenza è destinata a essere grigia e infelice. A cosa aspirano le sorelle Bennet di *Orgoglio e pregiudizio*? E la povera Anna Karenina perché fa una brutta fine? Quante fiabe si concludono con un matrimonio? Inoltre siamo state educate ad aspettare che, di punto in bianco, ci dovremmo imbattere in un uomo assolutamente perfetto che si prenderà cura di noi. Pensate ai poveri ragazzi in carne e ossa: come possono competere con mister perfettino sul bianco destriero? E poi, perché l'anima gemella di una ragazza deve essere sempre e comunque un ragazzo?

C'è qualcosa di molto triste in tutto ciò. Essere innamorate è bellissimo, certo, ma non può essere un obbligo per tutte. Una ragazza dovrebbe avere anche aspirazioni personali e soprattutto dovrebbe poter scegliere liberamente se trascorrere la vita con qualcuno o no senza la paura del giudizio altrui. Vivere nell'attesa del grande amore è uno spreco di tempo perché mentre si attende un rumore di zoccoli, potremmo ribaltare il mondo. Non sarebbe più soddisfacente?

Compito: cosa sai sull'amore?

A scuola faccio fatica a parlare di amore perché sono una di quelle persone poco mature che prendono in giro i romanzi troppo mielosi e forse anche perché so che bisogna essere dotati di una certa bravura, che io non possiedo, per trattare questo tema. Un anno potevo scegliere se affrontare in classe durante l'ora di antologia il capitolo sull'amore o quello sui conflitti del mondo. Il brano sulla guerra in Cecenia era molto interessante.

Mi mette a disagio parlare d'amore in classe per tanti motivi. In primo luogo dovrei fare i salti mortali per avere l'attenzione dei maschietti che, cresciuti a pane e cazzotti, sarebbero un uditorio difficile, propenso a interrompere la lezione e a fare battute. Il motivo vero però è che spesso gli studenti e le studentesse pensano che i loro insegnanti sappiano tutto e (so che è infantile) ho paura che si accorgano che non è per nulla così.

Una volta mi ricordo di aver detto che prima o poi sarebbe capitato a tutti di innamorarsi e un mio studente mi ha risposto sprezzante che a lui non sarebbe capitato perché avrebbe avuto ben altro per la testa. Un altro mi ha chiesto se anche a me fosse capitato e quando gli ho detto di sì, ha sgranato gli occhi come se gli avessi rivelato di saper volare. Tra una chiacchiera e l'altra mi sono però accorta che se nessuno parla d'amore ai ragazzi e alle ragazze, ci pensano film, telefilm e internet e forse questo è un problema.

Ho chiesto in classe cosa si impara sull'amore

e le risposte sono state chiare. “Bisogna sopportare un sacco di cose per amore, a volte un uomo si comporta male perché ha solo bisogno di qualcuno che stia al suo fianco, le ragazze sono difficili, le donne vogliono un uomo ricco, per conquistare una ragazza bisogna riempirla di regali, per tenersi un ragazzo bisogna dirgli sempre di sì, non bisogna mai fare arrabbiare un uomo, quando una donna partorisce poi deve decidere se stare a casa ed essere una persona frustrata o tornare al lavoro e vedersi come una mamma inadeguata”.

Vogliamo davvero che si impari questo sull’amore?

Basta fare le crocerossine!

Spesso poi capita che ci innamoriamo e naufraghiamo in un mare di dubbi, paure e incomprensioni. Quali sono le regole dell’amore? Per esempio è giusto che Ariel rinunci alle sue gambe per poter sposare il principe Eric? È corretto dire alle bambine che i compagni tirano loro i capelli perché sono innamorati? In una coppia spesso bisogna giungere a compromessi, ma fino a dove è bene spingersi? Quanto bisogna sopportare? Va bene adeguarsi e accettare tutto per amore? È giusto abbassare la testa per la persona di cui ci si innamora?

La regola d’oro è quella di non annullare mai se stesse per qualcun altro. Cerchiamo di mantenere il rispetto per noi stesse, i nostri sogni e i nostri ideali. Però siamo sincere: questo è esattamente il caso in cui è facile predicare bene, ma è ancor più semplice razzolare male. Le storie, i modelli e l'educazione con cui siamo cresciute ci dicono infatti che una donna deve sopportare per amore, deve essere predisposta al sacrificio, deve continuamente accettare compromessi pur di far funzionare una relazione. Spesso si pensa che l'amore implichi necessariamente una buona dose di sofferenza e che una relazione debba per forza andare incontro a una serie di dolorose avversità. Ma è forse un rapporto a cui aspirare quello in cui dobbiamo ingoiare rospi e sopportare in silenzio? È corretto desiderare un rapporto doloroso?

Il 26 dicembre 1965 Filippo Melodia rapì Franca Viola per poi tenerla segregata per otto giorni e violentarla più volte. La ragazza aveva solo diciassette anni e a quei tempi in Italia la legislazione sosteneva che se lo stupratore sposava la vittima, la colpa si considerava estinta. Sì, lo Stato italiano ammetteva uno stupro se era seguito da un matrimonio. Questa pratica prendeva il nome di matrimonio riparatore. Del resto chi non vorrebbe sposare il proprio stupratore. Franca, supportata dalla sua famiglia, fu la prima donna italiana nel 1966 a rifiutare questo tipo di unione. Celebri sono rimaste le parole della ragazza stessa al processo: «Io non sono proprietà di nessuno, nessuno può costringermi ad amare una persona che non rispetto. L'onore lo perde chi fa certe cose, non chi le subisce».

Diciamolo una volta per tutte: non dobbiamo essere crocerossine, non dobbiamo salvare nessuno. Se un ragazzo ci tratta male, non dobbiamo cercare mille giustificazioni, pensare che lui è fatto così, illuderci che quello è il suo modo di amare, pensare che abbia dei traumi che è compito nostro sanare. Se uno tratta a pesci in faccia le persone, è uno stronzo e basta. Nella vita ci sono svariate difficoltà: cerchiamo di non scavarci la fossa da sole rincorrendo persone che non sono tormentate, difficili o complesse, ma semplicemente sgradevoli, infime, maleducate. Spesso ci piace illuderci di aver trovato l'amore della nostra vita (ecco che caschiamo di nuovo nel mito del principe azzurro), ma invece inciampiamo solo in una brutta persona. Ci sono certi ragazzi che ti possono manipolare, essere gelosi, possono volere che tu cessi i tuoi interessi per stare solo con loro, possono ingannarti e usarti per ciò che vogliono. Se un rapporto è possessivo e limita la tua libertà, allora non ci sono amore, dignità e rispetto.

E non prendiamoci in giro, sappiamo benissimo che esistono lo stalking, la gelosia patologica, la violenza domestica, la violenza psicologica, lo stupro, il femminicidio. Questi esiti estremi affondano le radici in una società che ha insegnato alle bambine a non ribellarsi e ad accettare di tutto pur di avere qualcuno che promettesse loro amore eterno. Vale davvero la pena soffrire per un amore marcio, manipolatorio e doloroso? Lottiamo con tutte le nostre forze per avere un'esistenza serena, sia sole o in coppia.

A un certo punto i nodi vengono al pettine. Se i maschi vengono educati alla violenza e le femmine a essere silenziose e sottomesse, cosa succede? Se insegno a una bambina a non fare baccano, ad abbassare la testa e a sopportare in silenzio, cosa dovrà mai fare di fronte a una violenza domestica? Se le ragazze imparano che l'amore è sacrificio e sopportazione, come possono rendersi conto di essere vittime di un compagno fisicamente o psicologicamente violento? Non si arriva al femminicidio dall'oggi al domani. Questa tendenza mostruosa è figlia di un sistema di valori patriarcale che insegna alle donne a essere sottomesse e all'uomo a dominare. Quando la sottomessa fa un passo falso, il dominatore si sente in dovere di riappropriarsi della propria donna con ogni mezzo. Spesso si insegna ai ragazzi che possono avere tutte le donne che desiderano; i film sono pieni di "uomini che non devono chiedere mai". Poi nel mondo reale non è così, ma ci stupiamo ancora che alcuni uomini disprezzino le donne?

Un commento in classe

A volte i miei studenti chiedono di commentare qualche notizia di attualità. Penso lo facciano per perdere tempo o per farmi dimenticare di interrogare e spesso ci riescono. Nonostante la mia professionalità vacillante, resto convinta che capire il presente sia una missione fondamentale della scuola. Giuro che non sto cercando giustificazioni per la mia immensa abilità nel "perdermi via", o forse solo un pochino. A ogni modo un mattino una studentessa mi ha chiesto se avessi sentito la notizia di una ragazza che era stata stuprata mentre tornava a casa a piedi da una serata. Io non avevo sentito la vicenda e me la sono fatta raccontare. Forse avrei dovuto interrogare in grammatica quella volta.

Dopo poco è infatti intervenuto un compagno dicendo che anche lui aveva sentito la notizia e che "comunque la ragazza era ubriaca". In quel momento ho avuto davvero paura perché ho percepito che ormai la frittata era fatta: i miei studenti erano convinti che la violenza su una donna può essere giustificata. In un'altra occasione ho chiesto in classe se fosse offensivo chiamare una ragazza come la città dell'Iliade (se dico le parolacce in classe, i genitori mi vengono a prendere a casa con i forconi) e loro mi hanno detto no in generale, ma "dipende da come una va in giro vestita, tipo se ha una gonna cortissima se lo deve aspettare". Un'altra volta ho sentito che se un uomo è ubriaco è difficile che riesca a controllarsi.

Evidentemente il mondo è già riuscito a insegnare ai miei ragazzi che gli uomini sono delle bestie dagli appetiti sessuali insaziabili e incontrollabili e che se una ragazza subisce una violenza, forse è anche un po' colpa sua. Quando ho realizzato tutto ciò, ci sono rimasta davvero male. Ho pensato di non aver combinato nulla di buono e che tanto valeva spiegare solo grammatica. Almeno avrei evitato di trovare "fu" con l'accento nei temi.

Il mondo è automaticamente sessista e se non facciamo nulla, i ragazzi e le ragazze cresceranno automaticamente sessisti e sessiste. Dobbiamo svegliarci una volta per tutte, spiegare ai ragazzi che lo stupro è sbagliato sempre e comunque e non dire alle ragazze come vestirsi o comportarsi. Bisogna assolutamente insegnare che una donna è libera e che gli uomini non sono bestie dagli istinti incontrollabili. Il problema è che se non prendiamo una posizione, se non diamo questi insegnamenti, i bambini cresceranno automaticamente sessisti e di fronte a uno stupro saranno portati a puntare il dito contro la minigonna piuttosto che verso lo stupratore.

Io ti stuprerei.

È sempre meglio parlare con chiarezza: per stupro intendiamo un atto sessuale imposto a qualcuno con la forza e la violenza. Stuprare significa dunque obbligare una persona ad avere un rapporto sessuale che non vuole.

Detto ciò, prova a rispondere a questa semplice domanda: di chi è la colpa di uno stupro?

Secondo un'indagine portata avanti dall'Istat nel 2019, il 40% degli italiani pensa che, se una donna lo volesse davvero, potrebbe sottrarsi a uno stupro e il 24% pensa che se una donna si veste in un certo modo, se la va a cercare. Lo stupro è una violenza, eppure spesso sembra un gesto normale, un modo canonico con cui gli uomini ribadiscono la loro forza, danno sfogo al loro istinto apparentemente incontrollabile o marchiano il territorio. Sai che fino al 1996 nel Codice penale italiano non esisteva la violenza sessuale? Si parlava solo di atto di libidine, cioè di impulsi incontrollati. "L'ha stuprata? Be', è un istinto incontrollabile, via, cosa dobbiamo farci? È pur sempre un uomo, ha i suoi istinti". Lo stupro è forse come uno starnuto? Insomma, se devi starnutire, non puoi trattenerti, è una faccenda naturale. "Forse è colpa della vittima via, se avesse messo una gonna più lunga, nessuno l'avrebbe toccata".

Viviamo in un mondo in cui si parla spesso di stupro, ma in cui non si fa abbastanza per prevenirlo. Si parla di cultura dello stupro quando si vede la violenza ai danni di una donna non come un evento straordinario, ma come l'approdo ultimo di un intero sistema di pensiero, di una certa cultura. Se cresco pensando di avere tutte le ragazze ai miei piedi, se sin da piccolo sento che le donne sono di proprietà degli uomini, se mi dicono che quando una ragazza dice di no, vuole solo fare la preziosa e bisogna insistere, se mi insegnano che l'uomo comanda e la donna ubbidisce, è strano che io arrivi allo stupro? Purtroppo no. Se faccio crescere un ragazzo con certe idee, si sentirà autorizzato a prendersi con la forza ciò che in altre maniere non può avere. Lo stupro è così una questione di potere, un modo con cui l'uomo ribadisce chi comanda.

Esistono così tante storie marce di violenze e stupri che non so davvero da dove iniziare. Spesso sono narrazioni di sconfitta e amarezza. Le vittime hanno nomi, vite e storie diverse, ma sembrano esserci dei dolorosissimi punti in comune. Molto spesso al dolore di un atto sessuale non consensuale si aggiungono la vergona e la frustrazione di non essere credute o addirittura di finire dalla parte del torto. "È stata violentata? Si sarà inventata tutto! Quei ragazzi di buona famiglia non possono aver fatto qualcosa di simile! Ecco, ha messo in piedi questa farsa per racimolare soldi o fama. E poi come era vestita? Era ubriaca, cosa si aspettava? Poi lo sanno tutti, è una troia, a lei piace così. Chissà come godeva in quel momento".

Chiamiamo *victim blaming* la pratica di colpevolizzare la vittima ed è purtroppo un fenomeno molto diffuso. Una delle parti più dolorose è che spesso sono le stesse donne a puntare il dito contro ragazze stuprate, prendendo così le difese dello stupratore. Le uniche violenze che non implicano *victim blaming* sono quelle commesse da immigrati; in quel caso leggiamo di bestie o di branchi che violentano delle povere ragazze. Capiamo così che in un'ideale guerra tra scarti, la gente straniera vale di meno delle donne. E no, non è una vittoria, ma l'ennesima prova che questo modo di pensare va sbriciolato.

Perché tante donne faticano a denunciare uno stupro? Come mai le donne vittime di violenza sessuale spesso vengono criticate? Siamo abituati e abituate a vedere l'uomo come cacciatore, bramoso di sesso e dagli istinti incontenibili. Viviamo anche in un mondo maschilista che è abituato ad assolvere l'uomo, a mettersi sempre nei suoi panni e a colpevolizzare la donna. A partire da Eva, le donne sono sempre state considerate colpevoli. Non è forse ora di abbandonare queste idee? Non sarebbe bene che ognuno si prendesse le sue responsabilità? Se una persona fa violenza su un'altra, la prima è sempre colpevole senza attenuanti. Vogliamo davvero andare avanti a dare pizzicotti da nonna sulle guance degli stupratori dicendo: "Oh, dai, ma guardatelo, è un uomo: ha costante bisogno di sesso! Cosa avrebbe dovuto fare di fronte a una donna ubriaca?" Preferiamo davvero insegnare alle nostre ragazze ad avere paura a camminare da sole di sera piuttosto che educare i nostri ragazzi al rispetto?

Esercizio: perché non parliamo di uomini stuprati?

Mettiamo insieme alla prova il file corrotto che abbiamo in testa: cosa pensi si direbbe a un ragazzo che confessa di essere stato picchiato da una ragazza? Ti aiuto io: di solito un uomo picchiato da una donna non viene preso sul serio o viene addirittura deriso. Perché? Cosa ci dice il file corrotto? Cosa stabiliscono il patriarcato e gli stereotipi di genere? Stabiliscono che l'uomo comandi e la donna sia comandata, quindi è implausibile che una donna riesca a sottomettere un uomo. Inoltre seguendo lo schema degli stereotipi di genere, si pensa che un uomo sia forte, selvaggio, sempre desideroso di fare sesso e quindi si pensa che se una donna vuole avere un rapporto con un uomo, questo non può che essere contento.

Un uomo stuprato è una persona che ha vissuto una violenza profonda e lacerante a cui si aggiunge l'umiliazione e la derisione di un mondo che è ancora fortemente convinto che abbia senso incasellare 7 miliardi di persone in due scatole. Vuoi davvero vivere in un mondo in cui un uomo viene preso in giro perché ha subito una violenza? Non sarebbe molto più evoluto dare protezione, conforto e ascolto a chiunque subisce una violenza sessuale?

Ti uccido perché ti amo troppo?

Per femminicidio si intende l'uccisione di una donna proprio perché donna, o meglio, perché non ha voluto rispettare sino in fondo il rigidissimo ruolo femminile. Per esempio, nel 2019 Deborah Ballesio è stata uccisa dall'ex marito Domenico Massari durante un karaoke perché non lo voleva più nella sua vita dopo anni di violenze e stalking. Oppure Marianna Manduca aveva più volte denunciato l'ex marito Saverio Nolfo, ma questo non ha impedito all'uomo di uccidere la donna che non aveva più intenzione di essere *sua*. Noemi Durini è morta presa a sassate dal fidanzato Lucio Marzo. Immacolata Villani è stata uccisa dal marito da cui aveva intenzione di separarsi.

Spesso il femminicidio è la conclusione atroce di una vita disseminata di violenza, soprusi e umiliazione. Una donna vittima di tutto ciò è quasi sempre una persona che tenta di allontanarsi da una relazione possessiva, violenta e tossica senza però riuscirci. In questi casi è come se l'uomo non tollerasse l'idea di perdere qualcosa che considera di sua proprietà, come se una donna non avesse la libertà di decidere cosa fare della propria vita.

Attorno a questo tipo di violenza ignobile spesso germoglia un mondo malato e distorto. I media continuano senza sosta a parlare di "uccisione per eccesso d'amore", come se un uomo che uccide la compagna potesse essere giustificato. "Ha ucciso la fidanzata, certo, ma è perché l'amava troppo. Del resto se lei non l'avesse lasciato, sarebbe ancora viva".

Stai bene attenta. L'essere che si macchia di un simile crimine non è un mostro né tantomeno un demonio, ma è semplicemente un uomo come tanti. Sarebbe facile e liberatorio considerare il femminicida come un'eccezione, come un prodigio del male che agisce senza controllo. Chi uccide una donna è invece un uomo come tanti che è cresciuto in un mondo che gli ha insegnato che la donna è possesso dell'uomo, che la violenza è la soluzione a tutto, che l'uomo deve comandare e dominare e che può prendersi con la forza ciò che con le buone non riesce a ottenere. Vedi il problema? Il femminicidio è solo l'esito di un intero sistema di pensiero. Non posso aspettarmi un mondo migliore se non cambio il modo di pensare ed educare.

Una discussione inaspettata: una volta mi è successo che…

Un giorno in classe avrei dovuto parlare di un argomento, ma i ragazzi e le ragazze hanno portato la conversazione in un'altra direzione. L'argomento avrebbe dovuto essere la violenza di genere, avevo preparato delle slide, avrei fatto scrivere sul quaderno la definizione di femminicidio e stupro. In realtà non ho fatto in tempo a fare nulla di ciò perché ci sono stati tanti interventi. Una ragazza ha raccontato che una volta era al mare con la cugina e mentre camminava in una stradina, un ragazzo più grande ha iniziato a inseguirla e a dire parole che la studentessa non ha voluto ripetere. Nella stessa strada c'era una persona che però non ha degnato di un solo sguardo la scena. Solo quando le due sono arrivate alla porta di casa il ragazzo se ne è andato. Un'altra studentessa ha condiviso che un giorno, mentre stava salendo sull'autobus, si è trovata di fronte una muraglia compatta di ragazzi che fumavano e che le "dicevano cose". Un po' perché ha l'asma, un po' perché era giustamente terrorizzata, la ragazza ha preferito prendere l'autobus successivo. In un'altra classe una studentessa ha rivelato che una mattina due uomini adulti le avevano fatto un "complimento non troppo gentile" e che aveva paura succedesse di nuovo. Mio nonno abitava di fronte a un parco giochi e mi ricordo ancora che per molti anni quando andavo a trovarlo, trattenevo il respiro perché avevo paura che alcuni ragazzi più grandi di me mi rivolgessero la parola.

Se sei un po' grande, potresti ridere di fronte a questi racconti perché "sono cose che capitano" e queste ragazze "ci faranno presto l'abitudine", e anche io l'ho pensato per un sacco di tempo. Magari qualcuno potrebbe pensare che non c'è niente di male se un uomo ti dice qualcosa per strada, del resto è un complimento, no? Oggettivamente nessuna delle tre ragazze di cui ti ho raccontato è stata toccata da qualche sconosciuto, ma ci sentiamo davvero di lasciar correre? Possiamo davvero comunicare a una tredicenne spaventata che quella è la normalità e che deve farci l'abitudine? Cosa dovremmo dire? "Abituati a essere un prodotto in esposizione, abituati a essere oggetto di attenzioni per strada, abituati a essere alla mercé di tutti, abituati a non essere rispettata, abituati a pensare ai commenti dei passanti quando scegli come vestirti, abituati a sentirti a disagio quando passeggi per strada, abituati ad avere paura che qualche sconosciuto ti segua, abituati all'omertà della gente, abituati a tutto e non fare storie?" Davvero vogliamo insegnare tutto questo?

Non voglio sembrare melodrammatica, ma se ti abitui agli appellativi per strada oggi, chi mi dice che domani non ti abituerai alle botte di un compagno violento? Non è giusto che delle ragazze di tredici anni abbiano paura a camminare o a prendere un autobus e non dovrebbe succedere per nessuna ragione al mondo. Sembra automatico che una donna debba cambiare strada, stare attenta ad andare in giro da sola, evitare certi autobus se si imbatte in gente poco raccomandabile, ma la soluzione non è davvero questa.

In classe alcune persone mi hanno spiegato che esistono dei rossetti che in realtà sono spray al peperoncino, che ci sono corsi gratuiti di difesa femminile, che se qualcuno ci segue, possiamo sempre entrare in un bar o in un negozio, ma la soluzione non è nemmeno questa. Io non devo educare le ragazze ad avere paura, devo semplicemente spiegare ai ragazzi a trattare con rispetto le persone, donne comprese. Non devo insegnare alle studentesse a correre, a scappare, a evitare di fare qualcosa, ma devo spiegare ai miei studenti che un uomo non ha il diritto di rivolgersi alla prima ragazza che vede per strada mettendola a disagio o in imbarazzo. Se voglio bene a qualcuno, i complimenti sono un regalo bellissimo da fare, ma di certo c'è una differenza tra un "come sei bella oggi" detto a un'amica o a una fidanzata o un "che bel culo" urlato per strada a una tredicenne.

Cosa possiamo fare?

Dobbiamo urlare al mondo che uno stupro e un femminicidio non hanno nulla di normale o comprensibile. Uno stupro e un femminicidio sono atti di violenza e disumanità in cui la vittima non ha colpa e non "se l'è andata a cercare". Forse dobbiamo spiegare ai bambini che le femmine non sono proprietà di nessuno e dobbiamo insegnare alle bambine a non rimanere aggrappate a uomini cattivi per paura di stare da sole. Una ragazza può indossare una gonna corta, uscire con le amiche, bere quello che vuole, ballare, ridere e scherzare senza che queste azioni giustifichino uno stupro che, ripetiamolo, è una violenza atroce e mai giustificabile. Una donna può lasciare il proprio compagno per motivi che ritiene validi senza temere di essere sfregiata, picchiata, bruciata, uccisa.

In amore ci sono diritti e doveri che vanno spartiti in modo eguale. Non giustificare, non cercare scuse, non vedere una storia d'amore mitica dove non c'è, non accanirti, non aggrapparti a persone che ti fanno stare male. Cerca di essere serena. Ricordati assolutamente che anche tu devi sempre rispettare le altre persone, soprattutto se provi sentimenti intensi. La violenza non è mai giustificata nemmeno da parte tua. Esiste la violenza sui compagni e sui mariti, anche se se ne parla poco perché accidenti, si pensa ancora che un uomo picchiato da una donna faccia ridere. Se ami qualcuno, donagli o donale tutto l'affetto e il rispetto del mondo. Dobbiamo capire che l'amore non è dolore, non è predestinazione, non è onnipotente e può anche non essere eterno. L'amore dovrebbe essere un rapporto d'affetto, stima e dolcezza tra due persone che si rispettano e si pongono sullo stesso livello.

Compito: chi è Valentina Pitzalis?

Un giorno ho assegnato come compito una ricerca su Valentina Pitzalis; nessuno aveva mai sentito quel nome e io mi sono ben guardata dal fare spoiler. La settimana dopo abbiamo condiviso i risultati della ricerca che di solito sono l'esito di un lavoro non troppo fine di copia e incolla da Wikipedia. Ho notato che quando si parla di violenza di genere, in classe cala lo stesso gelo del giorno della memoria o, in generale, di tutti quegli argomenti che vengono percepiti come troppo grandi, pesanti o gravi per disturbare. Sì, succede molto raramente.

Valentina Pitzalis è una donna a cui l'ex marito, dopo anni di gelosia patologica, ha dato fuoco. Valentina è sopravvissuta, ma è rimasta invalida ed è anche stata accusata dalla ex suocera di aver causato l'omicidio dell'ex marito. In classe qualcuno ha detto che le foto della ragazza facevano un po' impressione perché Valentina ha il volto pesantemente sfigurato da quel giorno di inaudita violenza. Ricordo di aver sentito un silenzio pesante: gli studenti e le studentesse avevano svolto (più o meno decentemente) il compito che avevo loro assegnato, ma non capivano fino in fondo. Le persone più diligenti alzavano la mano per aggiungere particolari alla storia: qualcuno ha detto che Manuel, l'ex marito di Valentina, metteva i mobili davanti alle porte per sentire quando la donna si spostava, altri hanno specificato i danni fisici della ragazza, altri ancora hanno sottolineato che solo da poco il caso è stato archiviato dimostrando che Valentina è solo vittima di una vicenda atroce. Eppure c'era qualcosa che non andava, rimaneva in classe un maledetto silenzio che forse solo in quel caso non gradivo.

La classe se ne stava zitta perché non capiva fino in fondo la faccenda. Quando le persone adulte diventano così marce da deludere dei ragazzi e delle ragazze? Oggi voliamo nello spazio, facciamo operazioni a cuore aperto, ma uccidiamo ancora le donne. Ci vantiamo di essere la specie più intelligente sulla Terra, ma non siamo ancora riusciti e riuscite a porre fine alla violenza di genere? Fino a quando noi adulti riusciremo a guardare in faccia dei ragazzi e delle ragazze senza sentirci in imbarazzo o in colpa?

Temevo che qualcuno mi chiedesse come mai tali atrocità fossero ancora possibili perché non avrei saputo cosa rispondere. Avrei dovuto dire che le persone fanno schifo? Che il patriarcato forse non verrà mai sradicato? Sarebbero state risposte davvero poco adeguate, ma non mi veniva in mente altro. A volte vorrei avere una soluzione immediata per tutto. Vorrei poter parlare solo di grandi problemi che si possono aggiustare seguendo delle semplici istruzioni, ma purtroppo il mondo non funziona così. La violenza di genere è una ferita marcia che scava il nostro corpo fino alle ossa.

Invece non mi è stato chiesto nulla. Forse in quel silenzio io ci ho letto il mio senso di colpa in quanto adulta, ma in realtà c'era dell'altro. Si dice sempre che i ragazzi e le ragazze di oggi non sanno cosa sia il rispetto, ma non è sempre vero. Di certo ci sarà stato chi non era interessato o interessata, chi non ha capito, chi pensava ai fatti suoi, chi non vedeva il problema. Però ci sono state persone attente, turbate, commosse e questo è di certo un traguardo modesto, ma i cambiamenti non iniziano forse così?

Parliamo di sesso?

C'è un forte divario di genere per quanto riguarda la sessualità. Basti pensare al fatto che una donna che ha avuto più partner è una poco di buono mentre un uomo che ha avuto molte donne è un fico. Le femmine sono educate a mettere l'amore romantico al primo posto e a dare poca importanza al sesso per non essere etichettate come leggere, facili o puttane. Al contrario i maschi sono stati abituati a mettere il sesso al primo posto perché, si sa, i sentimenti e le emozioni sono faccende da femmine. In questo modo i ragazzi e le ragazze parlano lingue differenti e quindi non potranno che fare una fatica immensa a capirsi[74].

Il grande lascito del femminismo degli anni '60 è stato quello di liberare i corpi delle donne, ammettendo che una persona può essere una femmina e può provare piacere nell'atto sessuale. Eppure questo concetto tanto semplice da scrivere non è ancora stato acquisito dalla società. I ragazzi parlano molto spesso di sesso, spesso anche eccedendo in particolari (a volte inventati) per guadagnare stima agli occhi degli amici. Le ragazze invece provano più timore nell'affrontare gli stessi argomenti, che vengono ancora percepiti da alcune come vergognosi o sporchi. Spesso ai maschi viene richiesto di essere sin dalla tenera età dei grandissimi playboy, mentre alle ragazze di essere delle signorine a modo. In entrambi i casi vediamo delle persone che si avvicinano all'età adulta senza sapere un granché del sesso. Alcuni fingono di saperne di più, alcune di meno per mantenere i ruoli attribuiti a ragazzi e ragazze. Di frequen-

---

74 I. Marañón, *op. cit.*

te l'argomento è tabù nelle famiglie e i percorsi dedicati nelle scuole non sono sempre efficaci. Capita così che il principale maestro per ragazzi e ragazze (anche se queste non lo ammettono) è internet, nella fattispecie i siti porno. Succede così che i più giovani crescono con l'idea che il rapporto sessuale sia una performance più atletica che affettiva, talvolta violenta, insolitamente liscia, con proporzioni fuori dalla media. Pensare che Pornhub mi spieghi come funziona il sesso sarebbe come aspettarsi che i film della Marvel rappresentassero la realtà. A me piacciono i film degli *Avengers*, ma non mi aspetto di essere Thor o di incontrare Iron Man per strada. Allo stesso modo la pornografia non è il Male incarnato come spesso si pensa, ma è uno strumento che va capito e contestualizzato. Prova a pensare come deve sentirsi a disagio un tredicenne che realizza di non avere il corpo di una pornostar e di non saperne replicare le gesta epiche.

A dirla tutta, accade anche ben altro. Nel settembre del 2016 una notizia in particolare ha generato molto scalpore. La trentenne Tiziana Cantone si è suicidata impiccandosi a causa di un video. Nei mesi precedenti era stato diffuso sul web, senza il suo consenso, del materiale che la ritraeva durante un rapporto sessuale. Dopo essere stata insultata, derisa e scimmiottata, dopo aver provato a cambiare identità, la ragazza non ce l'ha più fatta e ha deciso di togliersi la vita. Se il fatto fosse isolato, sarebbe triste, ma qui stiamo parlando di un problema ben più grande e diffuso. Nel novembre del 2020 a Torino un uomo ha diffuso su un gruppo Whatsapp delle foto e un video che ritraevano dei momenti intimi con l'ex fidanzata. Il materiale è ben presto diventato virale e la donna è stata licenziata dall'asilo in cui faceva la maestra. Molte persone, tra cui moltissime donne, hanno subito puntato il dito contro la ragazza accusandola di essere una poco di buono. Periodicamente vengono intercettati dei gruppi Telegram in cui uomini condividono foto di ragazze che ricoprono di insulti e di inviti alla violenza, dando vita a una sorta di stupro digitale.

Secondo Skuola.net, 6800 ragazzi e ragazze tra i tredici e i diciotto anni hanno inviato immagini intime al proprio partner e il 24% di loro ha visto questo materiale condiviso senza il proprio permesso.

Lo sai cos'è il *revenge porn*? Letteralmente è il porno della vendetta e si verifica quando una persona diffonde video o scatti intimi di un'altra senza il suo consenso. Per esempio un ragazzo, per vendetta, potrebbe diffondere video (consensualmente o non consensualmente girati) che ritraggono l'ex fidanzata in rapporti sessuali o sue foto intime. La legge n. 69/2019 prevede fino a sei anni di carcere e una multa dai 5 mila ai 15 mila euro per la diffusione illecita di immagini o video sessualmente espliciti senza il consenso delle persone rappresentate. Il problema è che il *revenge porn* è un'arma che viene tendenzialmente usata a discapito delle donne. Lo capisci il motivo? Una donna ripresa mentre fa sesso acquisisce subito l'etichetta di puttana mentre lo stesso destino non capita a un uomo. La parte peggiore è che nel momento in cui circolano notizie di materiale intimo diffuso, la colpevole diventa sempre la donna, considerata come una depravata e non come una persona padrona del suo corpo.

E mentre ragazzi e ragazze crescono con la testa piena di dubbi sul proprio fisico, sul sesso e sulle emozioni, prende forma un grandissimo disagio e un profondo senso di inadeguatezza tanto nelle femmine quanto nei maschi. “È giusto che io mi senta così? Se ho voglia, sono sbagliata? Queste secrezioni sono corrette o sto morendo? Se gli dico che mi va, penserà che sono una puttana? E se gli dico che non mi va, mi lascerà? E se mi chiede di fare qualcosa che non voglio? Come funziona la pillola? A chi diavolo dovrei chiederlo? Mi ha chiesto dei *nudes*, glieli mando? E se poi li inoltra agli amici?” “E se le faccio male? E se non riesco? E se non sono abbastanza bravo? E se mi prende in giro? Ma quanto devo durare? E se sbaglio? Tutti i miei amici l’hanno già fatto, non posso di certo far capire che non sono capace! A chi dovrei chiedere consiglio?”

Cosa possiamo fare?

Bisognerebbe capire che sesso e amore non sono due sfere distinte, ma due mondi che si nutrono a vicenda. Bisognerebbe anche ribadire che non vi è nulla di volgare, sbagliato o immondo nel desiderare il proprio fidanzato o la propria fidanzata. Siamo infatti esseri umani e in quanto tali abbiamo una serie di pulsioni fisiche. La bellezza dell'umanità sta nel poter unire il desiderio fisico alla sfera emotiva. La soluzione è nella coeducazione: maschi e femmine devono essere cresciuti con gli stessi parametri, imparando a vivere l'amore, l'affettività e la sessualità in modo sano, rispettoso e consapevole.

Ognuno deve rispettare il corpo proprio e altrui. Le ragazze in particolar modo non devono sentirsi obbligate a fare tutto ciò che viene chiesto loro e non devono pensarsi sporche quando semplicemente desiderano la persona di cui sono innamorate. Bisogna anche capire che internet è un posto tanto meraviglioso quanto pericoloso e che il materiale intimo non può stare nelle mani di chiunque. I maschi devono essere educati a non prendersi con la forza ciò che non possono ottenere in altri modi. Devono capire che no vuol dire no, che il modo in cui una ragazza si veste non ha secondi significati, che una femmina ammiccante non "se la cerca", che una donna può anche cambiare idea, che la vendetta è un sistema che le persone civilizzate hanno ormai abbandonato da secoli. D'altro canto i maschi non dovrebbero vivere soffocati dall'ansia di prestazione e dovrebbero capire che il mondo reale non è come viene rappresentato nei porno perché nessuno si aspetta da loro prestazioni o misure da attore.

Bisogna semplicemente volere bene a se stessi e alle persone care, il resto è tutta fatica sprecata.

PARTE 5
COME STANNO LE FEMMINE NEL MONDO?

Secondo te tutto ciò che è stato scritto fino a ora varrebbe per una qualsiasi ragazza in una qualsiasi zona del mondo?

No.

Esistono numerose discriminazioni a cui sono sottoposte le bambine, le ragazze e le donne di tutto il mondo che forse nemmeno ti immagini. Parliamo dunque di uno svantaggio mondiale che però assume diverse declinazioni locali.

61 milioni di bambini e bambine al mondo non hanno accesso alla scuola primaria e di questi il 53% sono femmine[75]. Non è necessario specificarlo, ma una persona senza istruzione è destinata a un futuro misero. Una donna non istruita non conosce i propri diritti, non si rende conto di essere sfruttata, se vittima di violenza domestica non realizza che è un suo diritto ribellarsi. Se una bambina viene obbligata a sposarsi presto, non raggiungerà mai l'indipendenza economica. Una donna non istruita è una donna che non sarà mai libera. In alcuni Paesi le ragazze vengono minacciate se si accaniscono a voler studiare. Del resto proprio per questa scelta Malala ha subito un attentato. Sì, hai capito bene, una tredicenne ha subito un attentato da parte di adulti perché vole-

---

75 *Nati Uguali*, Save The Children, 2012.

va studiare e per questo desiderio è stata definita come "il simbolo degli infedeli e delle oscenità".

In certi Paesi come Cina e India esistono l'infanticidio e l'aborto selettivo. Ciò significa che una bambina può essere uccisa in quanto femmina appena nata o prima ancora del parto. In Cina è stata introdotta nel 1979 la politica del figlio unico. A causa dell'eccessiva crescita della popolazione, le coppie potevano avere solo un figlio o una figlia. Per vari motivi culturali e pratici, il figlio maschio veniva a tal punto considerato superiore alla femmina che spesso le neonate venivano uccise o abbandonate. Benché illegale, molte madri abortivano addirittura laddove venivano a sapere di essere incinte di una femmina. Questa politica demografica è stata rivista nel 2013, ma la nascita di una figlia femmina non viene comunque considerata in modo positivo.

In diversi Paesi africani, in alcuni Stati asiatici e in diverse zone occidentali sono diffuse le mutilazioni genitali femminili. Si parla di rimozione parziale o totale degli organi genitali esterni per retaggi culturali vari. Si pensa infatti in questo modo di controllare la sessualità femminile, di controllarne la verginità, di prevenire malattie. Invece si obbliga una bambina a subire violenze fisiche e psicologiche inenarrabili. Secondo un'indagine dell'Università Bicocca di Milano, in Italia ci sono 90 mila donne con mutilazioni genitali di cui 5-7 mila minori[76]. In questo mo-

---

76 A. Ramund, "In Italia 85-90mila donne con mutilazioni genitali femminili, di cui 5-7mila minori",

mento nel mondo ci sono circa 250 milioni di donne portatrici di mutilazioni genitali: più del quadruplo della popolazione italiana[77].

Milioni di bambine ogni anno subiscono la tortura del *breast ironing* soprattutto nell'Africa centro orientale[78]. Mamme e nonne premono una pietra incandescente o una cintura sul seno della bambina per impedirne la crescita e per proteggerla da eventuali molestie. L'idea che gli uomini non siano bestie in preda ai loro appetiti non sembra essere molto diffusa.

Ogni anno circa 10 milioni di ragazze sotto i diciotto anni sono obbligate a sposarsi, molto spesso con un uomo adulto[79]. In molti casi la causa di un matrimonio precoce è la povertà: la famiglia decide di dare in sposa la propria figlia per scaricare le spese in un altro nucleo. Una bambina costretta a sposarsi abbandona la scuola e va incontro a gravidanze non desiderate e violenze che spesso pensa siano il modo con cui ogni matrimonio procede perché non ha mai visto una relazione basata sul rispetto reciproco. Pensa che se fossi nata in un'altra parte del mondo, saresti già madre e non faresti nulla per il resto della tua vita se non accudire i tuoi figli o figlie e un marito che non ti sei scelta e che non ami. Forse non lo si capisce presto, ma la scuola è l'occupazione

---

Agenzia DIRE, 2020.

77 "Mutilazioni genitali, 200 milioni di donne ferite per sempre", Unicef, 2016.

78 N. Muscialini, *op. cit.*

79 Ivi.

migliore che possa capitare.

Ogni anno 287 mila donne muoiono a causa della mancata assistenza durante la gravidanza e il parto[80]. Di certo l'educazione, l'istruzione, l'assistenza sanitaria e il venir meno di violenze sessuali diminuirebbero di molto questo numero.

E ti prego, non pensare che io abbia finito. Esistono tanti esempi e innumerevoli situazioni in cui nascere femmina equivale ad avere una vita di svantaggi, sfruttamento e violenza. Quindi essere ragazze nel mondo cosa significa? Significa partire svantaggiate prima ancora di essere nate, vuol dire condurre una vita troppo spesso intessuta di violenza, discriminazione e invisibilità. Tutto ciò succede perché, ancora una volta, l'idea della superiorità dell'uomo sulla donna è molto diffusa.

Sorge però una domanda: le torture di cui abbiamo parlato sono molto pesanti, ma non se ne sente parlare granché. Perché? La risposta è semplice: perché la storia e la narrazione attuale sono fatte dai vincenti per i vincenti e non devo di certo spiegarti io dove colloco i Paesi in via di sviluppo o sottosviluppati. Ti basta pensare che in questo momento ci sono guerre di cui non sappiamo nemmeno l'esistenza solo perché si svolgono in Africa. E poi smettiamola di guardare il sud del mondo pensando che laggiù le persone siano anni luce indietro, perché sai che in Idaho è legale sposare una ragazza di tredici anni? Se non hai studiato bene geografia, ti aiuto io: l'I-

---

80 Ivi.

daho è negli Stati Uniti.

Tu però ora conosci queste ingiustizie e non puoi far finta di niente, non puoi dimenticartele. Di certo non si parla di problemi che puoi risolvere da sola, ma il semplice fatto che tu conosca la condizione delle donne in giro per il mondo è un ottimo punto di partenza. Servono educazione, cultura, consapevolezza e il mondo è pieno di donne a cui dare voce.

Un libro letto (forse) per compito.

I miei studenti e le mie studentesse hanno letto nell'inverno del 2020 il libro *Malala, la mia battaglia per i diritti delle bambine* e una mattina ne abbiamo discusso in classe. Forse non l'hanno nemmeno preso in mano e hanno solo letto il riassunto su Google, ma credo di riuscire a dormire sonni tranquilli anche con questo dubbio.

Parlare dell'importanza dell'istruzione a scuola a volte mi sembra inutile. Io so quanto la cultura sia fondamentale, ma non riesco sempre a farlo capire a una ventina abbondante di persone che odiano alzarsi presto alla mattina, non capiscono lo scopo dei compiti e sanno benissimo che la matematica utile finisce alle elementari. Se dico che la scuola è importante, i miei studenti e le mie studentesse annuiscono, ma non sono sicura che capiscano davvero. Quando dico che l'alternativa alla scuola sarebbe lavorare da subito, alcuni di loro sembrano autenticamente interessati perché si immaginano un futuro di soldi a palate, ma non sanno che il lavoro minorile va di pari passo solo con lo sfruttamento, la povertà e il degrado. Ho assegnato il libro di Malala sperando che una voce più autorevole della mia vincesse laddove io arrancavo. In poche parole ho provato a far fare il lavoro duro a Malala mentre io guardavo la partita in panchina.

Il libro ripercorre le tappe fondamentali della vita di Malala, ragazza che ha dedicato la vita alla lotta per i diritti umani e che ha anche subito un attentato dai talebani che la preferivano morta o almeno zitta. Non ci sono riusciti, sai? Malala ha vinto il premio Nobel (l'abbiamo già visto, ma non potevo non scriverlo qui) e a oggi continua a lottare perché le bambine nel mondo vadano a scuola.

Andare a scuola serve, certo, ma perché è così importante? Perché milioni di ragazze non possono andare a scuola? Le motivazioni sono tante. Alcune famiglie sono troppo povere per pagare l'istruzione ai figli e alle figlie, ma in generale le femmine vanno a scuola molto meno dei maschi. Il patriarcato e le discriminazioni di genere hanno infatti perpetuato per secoli la convinzione che le donne siano inferiori, che non abbiano bisogno di istruzione per pulire e far bambini. In alcuni casi il tragitto da casa a scuola è così pericoloso che dei genitori preferiscono evitare che la figlia ci vada. Il punto è che la scuola è anche una questione politica. A volte le donne sono volutamente tenute lontano dall'istruzione perché si pensa che non debbano emanciparsi, capire, essere libere. Se mostro a un leone la savana, credi che vorrà tornare in gabbia? Se insegno a una donna a pensare, pensi che continuerà a ignorare i propri diritti?

Nel discorso tenuto da Malala all'Onu il 12 luglio del 2013, la ragazza sostiene che "gli estremisti hanno paura dei libri e delle penne. Il potere dell'educazione li spaventa. Hanno paura delle donne. Il potere delle donne li spaventa". Vorrei che ogni ragazza capisse che la scuola può essere pesante, noiosa e ha di certo molti difetti, ma è l'unico strumento per essere libera. Se non ti istruisci, non arriverai da nessuna parte. E ti prego, non pensare che io parli di successo, case gigantesche e auto da urlo. Intendo che se non studi, non capirai il mondo e non vedrai le ingiustizie che capitano a te o a chi ti sta intorno, e sono poche le immagini più tristi di quella di un ragazzo o di una ragazza che rinunciano alla loro dignità, ai loro diritti, alla loro libertà. Solo se studi riuscirai a vedere il marcio e ad aggiustare i meccanismi rotti del mondo tanto meraviglioso, ma tanto malato, in cui viviamo. Non voglio essere un'ipocrita e dirti che se studi cambierai tutto ciò, perché per questo servono tante persone e tanto tempo. Se studi però riuscirai a capire meglio te stessa e la realtà e ti giuro che questo è uno splendido punto di partenza. Senza istruzione ed educazione, nulla cambierà mai. Dobbiamo studiare, capire, farci domande e aiutare chi ha meno mezzi di noi. E poi io penso davvero che la scuola sia una figata, giuro. Del resto "un bambino, un'insegnante, una penna, un libro possono cambiare il mondo".

PARTE 6
I MASCHI SONO NEMICI?

I maschi sono ok

Vorrei che tu avessi ben chiaro un concetto in testa: i maschi non sono il male. No, i maschi non sono tutti maiali, non sono tutti violenti, non hanno in testa *solo quello*. Esistono uomini meravigliosi, fantastici e simpatici perché, anche loro, prima di essere maschi, sono persone. Non è di certo creando astio e violenza verso gli uomini che si risolverà il problema della disparità di genere.

Non nego che parlare di femminismo con i miei studenti maschi è stato molto difficile in certi casi. Alcuni ragazzi si sono sentiti accusati quando abbiamo parlato di violenza di genere. Altri hanno ribadito in continuazione che anche agli uomini succedono cose spiacevoli. C'è chi ha addirittura detto che se succede qualcosa di brutto a una donna se ne parla molto, mentre agli uomini non ci pensa mai nessuno.

Non tutti gli uomini vedono di buon occhio il femminismo perché, si dice, pensano che le donne vogliano vendicarsi e riproporre l'oppressione che per secoli è stata portata avanti ai danni del popolo femminile. Il punto è che il femminismo vuole liberare tutte le persone, uomini compresi. Non solo, pensa che il femminismo è di grandissimo aiuto anche alla popolazione maschile.

Pensi sia un'esagerazione? Se continui a leggere, ti dimostrerò che ho ragione.

Come ci si sente a essere maschi?

In alcune comunità esistono dei riti di iniziazione che servono a far comprendere al ragazzo la sua transizione verso lo status di uomo. Si parla di tatuaggi e incisioni sulla pelle oppure di prove di coraggio e resistenza per dimostrare il proprio valore. Nel mondo occidentale questi riti non hanno ragione d'esistere, eppure durante la pubertà ci sono degli atteggiamenti che i ragazzi sembrano assumere per dimostrare a loro stessi e agli altri che non sono più bambini, ma uomini.

Il bambino che diventa ragazzo e poi uomo smette di piangere, reprime le emozioni, schifa tutto ciò che è tenero, dolce, delicato, afferma di essere disgustato dall'amore, si dichiara affamato di sesso, usa la violenza per risolvere ogni problema, cerca in ogni modo di dimostrarsi duro, inizia a commentare il corpo delle ragazze a pezzi, come se fosse dal macellaio, insulta le mamme o le sorelle degli amici (mai i papà o i fratelli)[81].

Il file corrotto di cui parliamo dall'inizio del libro sussurra loro che l'uomo deve essere necessariamente forte e dominante. Di conseguenza un ragazzo è obbligato ad adottare atteggiamenti aggressivi per provare al mondo esterno di esse-

---

81 L. Gasparrini, *Diventare uomini. Relazioni maschili senza oppressioni*, Settenove, 2020.

re uomo[82]. “Ehi guardatemi! Sono forte! Meno! Grido! Sottometto le femmine! Tratto le ragazze come se fossero inferiori a me! Guardatemi! Sono un vero uomo! Sono un vero uomo, vero?”

Secondo te è giusto che la maggior parte dei ragazzi si trovi ad adottare questo tipo di comportamenti? Pensi che sia una scelta individuale o un condizionamento, un lavaggio del cervello portato avanti dal sistema degli stereotipi di genere?

Fai l’uomo!

Hai mai sentito l’espressione “fai l’uomo”? Bene, il problema parte da qui.

“Fai l’uomo” vuol dire che, se sei maschio, devi essere alto, ben piazzato, forte, prestante. Devi inoltre avere un lavoro prestigioso, una bella casa, un’auto veloce, uno stipendio con tanti zeri. Devi fare un sacco di sesso con innumerevoli donne. Bada: solo con donne. E ricordati di offrire sempre tu: la femmina deve capire chi dei due ha la situazione in pugno. Ricordati soprattutto di essere freddo e senza emozioni, di avere tutto sotto controllo, di agire in modo aggressivo, violento e dominante. Fai l’uomo, insomma!

L’espressione “mascolinità tossica” è stata utilizzata per la prima volta da Shepherd Bliss tra gli anni ‘80 e ‘90 e designa una visione dell’uomo malata e velenosa[83]. La mascolinità tossica

---

82 Ivi.

83 S. Barr, S. Javed, “What is toxic masculinity and

è infatti l'insieme dei comportamenti prototipicamente maschili derivati dalla supposta dominanza fisica, sessuale, intellettuale e sociale dell'uomo. Come dice *The Good Men Project*, la mascolinità tossica individua una forma di uomo standard definita dalla violenza, dallo status, dall'aggressività, dal sesso. Sei un maschio? Bene, devi essere forte, senza emozioni e spaccarti di birre davanti alla partita. I maschi funzionano così. Tutti quanti senza eccezioni. Se non sei così, hai qualche problema.

Gli uomini sono privilegiati rispetto alle donne: lo insegnano la storia e la vita di tutti i giorni. Eppure anche gli uomini subiscono delle pressioni sociali pesanti. Nello specifico a un essere umano di sesso maschile viene richiesto di dimostrare una virilità esasperata in ogni situazione. Gli uomini si trovano così a fare i conti con un'idea di mascolinità monolitica che non ha nulla a che fare con il modo in cui ciascuno può sentirsi a proprio agio. Spesso non se ne rendono conto, ma a volte hanno vergogna a palesare questa problematica. La situazione peggiora se pensiamo che manca nel mondo maschile un movimento consapevole e organizzato di liberazione dalla prigionia della mascolinità tossica.

Sono tante le modalità di essere uomo, ma è come se la società ne accettasse solo una e condannasse le altre. Lo stereotipo dell'uomo duro non è comodo per tutti, ma chi se ne allontana è costretto a pagare. Esistono ragazzi che preferi-

---

how can it be addressed?", Independent, 2021.

scono ammazzarsi perché non si riconoscono in Rocky Balboa e il mondo non concede alternative. Ti faccio un esempio in piccolo: se a un ragazzo non piace giocare a calcio, cosa succede? È sempre accettato dei coetanei? Alcuni uomini vengono violentati o subiscono violenze domestiche, ma non lo dicono perché patire non è virile, non sarebbero presi sul serio e qualcuno addirittura li deriderebbe ("Le hai prese da una donna?!"). Gli uomini sono quelli che picchiano e violentano, non il contrario, insomma.

Una volta una mia studentessa ha fatto un'osservazione brillante: «Nei film vediamo sempre le donne arrabbiate che tirano uno schiaffo a un uomo e nessuno dice mai nulla, mentre se succedesse il contrario, giustamente, grideremmo tutti alla violenza. Alla fine uno schiaffo fa sempre male, anche se hai la barba». A volte mi stupisco di quanto possano essere sul pezzo delle personcine che vengono sempre etichettate come svogliate, pigre e viziate.

Ma da dove trae nutrimento lo stereotipo di un uomo necessariamente forte e senza emozioni? Pensiamo alle prime fasi della crescita: un bambino che si dimostra poco intraprendente e spericolato viene subito emarginato e appellato come "femminuccia". Gli adolescenti meno machi non sono mai popolari e spesso vengono chiamati "checca", che è il diminutivo del nome femminile Francesca. Anche gli uomini adulti si spronano a compiere gesti ritenuti virili dicendosi: "Dai, non fare la donnetta!" (altrimenti "frocio", "ricchione" e "mezzasega" diventano spaventosamente sinonimi).

Cosa accomuna questi episodi? Perché per un maschio essere dolce, tranquillo e sensibile è considerato vergognoso? Pensaci bene: a chi si addicono questi aggettivi? È facile: un angelo del focolare è dolce, tranquillo e sensibile, non un uomo duro e puro. Se non sei virile, sei un rifiuto umano perché è come se fossi una donna, e tra maschio e femmina sappiamo tutti qual è l'opzione migliore e quella di scarto.

Una ragazza in classe una volta mi ha raccontato del cuginetto che ha sempre voluto giocare con le bambole e la cucina e i genitori non hanno mai fatto una piega. Poi, «Non so perché prof, ha iniziato ad andare alle elementari, ha smesso di giocare con i bambolotti e ha iniziato a volere solo le piste per le macchinine. Non penso nemmeno gli piacciano».

Consideriamo l'idea standard della mascolinità: ogni caratteristica dell'uomo è semplicemente l'opposto della donna-prototipo. Mentre l'uomo è forte, deciso e senza emozioni, la donna è debole, volubile ed emotiva. Sembrano esistere così due stereotipi dicotomici, banali e rigidissimi, uno di serie A e uno di serie B. Chi è quel folle che vorrebbe passare dalla prima categoria alla seconda? Perché gli insulti come "frocio", "checca", "finocchio", "ricchione" sono i più utilizzati tra gli uomini? Perché secondo lo stereotipo, un uomo omosessuale è gentile, sensibile, effeminato. Parliamo dunque di una persona che ha l'onore di nascere uomo, ma si abbassa a comportarsi da donna, non rispettando le elementari distinzioni tra i sessi.

Dietro il doloroso concetto di mascolinità tossica c'è proprio quello che sin dalle prime pagine abbiamo additato come nostro nemico giurato: il patriarcato. Abbiamo già visto che il patriarcato vorrebbe crescere le bambine come delle principesse da salvare e i bambini come dei cavalieri impavidi. Tuttavia ogni bambina e bambino, ogni donna e uomo vuole qualcosa di diverso e l'armatura di un cavaliere a volte è inutilmente pesante. Il patriarcato agisce così perché le divisioni nette e note sono tranquillizzanti. Se sei uomo sei forte, se sei donna sei debole. Una società così strutturata è facile da capire, da governare, da manipolare. Il problema poco noto è che il patriarcato, mentre calca il piede sulla testa della donna, colpisce l'uomo alle spalle. Se la figura della donna fosse priva di giudizi di merito, anche l'uomo sarebbe libero dalla trappola della mascolinità tossica.

Un altro aspetto doloroso della mascolinità tossica è che i ragazzi e gli uomini non hanno autocoscienza. Mentre le ragazze e le donne conoscono la loro condizione di mancata parità grazie al femminismo e a tutte le battaglie portate avanti, gli uomini non sanno di essere ingabbiati. La maggior parte dei suicidi coinvolge gli uomini e forse non è un caso. Molti ragazzi si sentono obbligati a essere la fotocopia di Rambo, ma se volessero essere altro? Se preferissero essere semplicemente loro stessi, riuscirebbero a trovare il loro posto nel mondo? Spesso no.

Una discussione: chi indosserebbe un cappotto rosa?

Un giovedì mattina abbiamo visto in classe una foto di Ghali che indossava un cappotto rosa a un evento Gucci. Sapevo che Guè Pequeno aveva commentato quella foto dicendo che un vero rapper non se ne va in giro vestito come un confetto e mi ricordavo che il web non aveva molto gradito questo intervento. Parlavamo delle aspettative che abbiamo sull'aspetto e sul genere e pensavo di vincere facile. Mi sbagliavo di grosso.

Era evidente che volevo sentirmi dire che un uomo può vestirsi di rosa senza problemi e senza essere giudicato, ma c'era un pezzo che non avevo considerato. In primo luogo mi è stato detto che un personaggio famoso può vestirsi in modo non usuale per attirare l'attenzione su di sé e farsi pubblicità. Del resto, ci sono delle aziende di fast fashion che hanno il coraggio di vendere delle magliette con scritto "feminist" sfruttando e sottopagando le lavoratrici.

In secondo luogo, mi è stato detto che Ghali un po' se l'è andata a cercare. Del resto se un sedicenne avesse indossato lo stesso cappotto a scuola, probabilmente sarebbe stato picchiato e, diciamolo, avrebbe dovuto saperlo prima di uscire di casa. Insomma, in teoria sappiamo che ognuno può vestirsi come vuole, ma in pratica è un po' diverso. Fedez può colorarsi le unghie e postare una foto su Instagram, Achille Lauro può esibirsi a Sanremo con una tutina luccicante e Harry Styles può presentarsi agli eventi con delle camicie con i volant. Ma lo fanno per cambiare il mondo o per farsi pubblicità? Poi loro sono famosi, sono abituati agli *hater*. Se un ragazzo comune imitasse questi personaggi, finirebbe male. La conclusione sembrava chiara: un uomo può vestirsi come vuole, ma deve anche essere consapevole delle conseguenze.

In realtà io penso che persone come quelle che ho menzionato stiano usando la loro popolarità per scardinare l'idea che l'uomo debba avere un certo aspetto. Tuttavia capisco che un tredicenne si trovi a vivere in una dimensione diversa da quella di un cantante famoso. Eppure è giusto che prima di fare qualcosa pensiamo al giudizio altrui? Ovviamente no, ma tra essere picchiato per un cappotto rosa e rimanere sano, la scelta più ovvia è la seconda. Se un ragazzo si sentisse bello a indossare una gonna, cosa dovrebbe fare? Probabilmente dovrebbe scegliere tra l'essere bullizzato o la repressione dei propri desideri.

Se però rimanessimo di questo avviso, non faremmo nemmeno un passo in avanti. La mascolinità tossica costruisce una gabbia così asfissiante che ogni piccolo passo fuori dall'immagine dell'uomo prototipo viene punita pesantemente. Nessuno ti impedisce di vestirti di rosa da capo a piedi, ma se lo fai, aspettati certe conseguenze. Capisci che questa non è libertà? Ognuno dovrebbe vestirsi come vuole serenamente, pensando prima al proprio gusto che al giudizio altrui.

Una soluzione ci sarebbe. Il problema è che spesso ci troviamo o ci sentiamo senza persone alleate. È vero che se un sedicenne andasse a scuola con un cappotto rosa, probabilmente si sentirebbe dire “frocio”, ma se avesse degli amici e delle amiche a sostenerlo? Se avesse qualcuno dalla sua parte? Gli insulti, non mento, ci sarebbero ugualmente, ma forse farebbero meno male e magari con il passare del tempo diminuirebbero o scomparirebbero. Non è giusto che la paura del giudizio altrui mi impedisca di essere quello che sono. Ogni ragazzo dovrebbe sentirsi in diritto di vestirsi come vuole e non necessariamente come Rambo. Ogni persona però dovrebbe anche riuscire a farlo senza pensare al giudizio altrui e senza pensare di essere fatta a pezzi per un abito diverso dalle aspettative. In questo caso è necessario schierarsi, perché un ragazzo con il cappotto rosa c’è sempre e una pacca sulla spalla può davvero fare la differenza.

Un’altra discussione: Mark Bryan ha dei tacchi altissimi!

Un giorno in classe abbiamo discusso del racconto *Felice come un cinghiale* di Michela Murgia in cui si parla dell’isola di San Domino, ossia del luogo in cui venivano confinati i “femminelli”, ossia gli omosessuali durante il regime fascista. Il racconto spiega come per anni siano stati messi in un angolo tutti gli uomini che non erano machi, ossia non incarnavano lo stereotipo maschile. Un ragazzo mi ha fatto notare che nel racconto la parola “omosessuale” non compare mai, come del resto non si parla di fidanzati o di relazioni. Vero è che durante il fascismo per essere accusati di omosessualità bastava avere semplicemente una caratteristica considerata stereotipicamente femminile. Capelli lunghi? Omosessuale! Non ti piace la caccia? Omosessuale! Non sbavi dietro alle donne? Omosessuale!

Il punto è che spesso facciamo dei collegamenti tra comportamenti e orientamento sessuale. Infatti se vediamo un uomo vestito in un certo modo o con certi atteggiamenti, pensiamo subito che sia gay. C'è un uomo vestito con particolare cura? Sarà gay! C'è un uomo che gesticola un sacco? Sarà gay! C'è un uomo con un certo tono di voce? Sarà gay! C'è un uomo appassionato di estetica? Sarà gay! Un uomo fa il parrucchiere? Sarà gay! Dal fascismo a oggi ne è passata di acqua sotto i ponti, eppure siamo ancora portate e portati a pensare che un certo comportamento implichi un determinato orientamento sessuale.

Facciamo un esperimento: cerca Mark Bryan su Instagram (@markbryan911) e soffermati sulla tua prima impressione. Ti trovi di fronte a un uomo sulla quarantina che sfoggia gonne e tacchi a spillo. Quando ho mostrato una sua foto in classe, mi è stato detto che è di certo un abbigliamento che ci risulta strano perché non siamo abituati. Se vediamo Harry Styles con vestiti svolazzanti forse ci sembra meno bizzarro perché stiamo parlando di un cantante famoso a cui concediamo un po' di originalità. Mark invece è un uomo comune, ma si veste "da donna". Alcuni potrebbero dedurre immediatamente che sia gay, ma la bio di Instagram dice: "Sono semplicemente un uomo etero, sposato, che ama le porsches, le belle donne e introdurre gonne e tacchi alti nei miei look di tutti i giorni". Se ti fermi un attimo, puoi sentire il nostro famoso file corrotto che esplode.

Per ora vorrei che i miei studenti e le mie studentesse imparassero a non giudicare e a rispettare la libertà di chiunque. Vorrei anche che potessero anche sentirsi liberi e libere di essere come vogliono, ma per questo secondo obiettivo credo serva più tempo. Mi rendo conto che tra una lezione e il confronto con i pari, sono questi ultimi a vincere. Non posso pretendere che un ragazzo si senta libero di andare in giro in gonna se sappiamo che potrebbe essere preso a sassate e non posso nemmeno fingere che tutte le persone abbiano un carattere fortissimo e immune al giudizio altrui perché non è vero.

Bisogna lavorare a monte e creare un ambiente libero da giudizi. Per questo è necessario insegnare a tutti e tutte ad abbandonare il nostro maledetto vizio di giudicare e di limitare così la libertà altrui. Ricordati che quando giudichiamo una persona, le togliamo un pezzetto di libertà e con tutta franchezza, non vedo perché dovremmo farlo.

Mark ci dice semplicemente che i vestiti non hanno genere e che non dovrebbero portare al giudizio sulla vita amorosa di nessuno. Vorrei che chiunque potesse vestirsi come vuole senza dover essere etichettato o etichettata. È tanto difficile pensare che una persona metta un vestito perché le piace e basta? Abbiamo davvero così tanta energia per giudicare, commentare e fare supposizioni su tutta la gente che incontriamo? Io a volte non ho nemmeno l'energia per alzarmi dal letto!

Di certo è l'insegnamento più banale del mondo, ma non è meglio vivere e lasciar vivere? Non è tranquillizzante pensare di potersi vestire e comportare come ci pare senza che le persone si sentano autorizzate a fare deduzioni sulla nostra vita privata?

I maschi ci insultano.

Un giorno delle mie studentesse mi hanno detto che dei loro compagni scrivevano spesso: "Cagna, zitta e subisci" e "Donna, schiava, stira e lava". Quando ho saputo di queste parole, mi si è spezzato il cuore, ci sono rimasta molto male e mi sono chiesta dove avessi sbagliato. Forse pensavo che un paio di lezioni improvvisate in classe avrebbero potuto sistemare un problema sociale complesso come la disparità di genere. A volte sono schifosamente ingenua.

Spesso riprendere un ragazzo che insulta è come mettere una toppa su una diga che va in pezzi. Sgrido il colpevole, quello abbassa la testa, fa gli occhi da cucciolo, mi promette che non succederà mai più, dice che era arrabbiato, che non ha fatto apposta. In realtà so che non ha capito la gravità della situazione, che continuerà ad abbaiare ad altre ragazze, che è probabile che abbia sentito qualche adulto dire atrocità sulle donne. Dopo la sgridata, il colpevole diventerà semplicemente più bravo a non farsi sgamare da me. Non escludo nemmeno che io stessa riceva certi commenti.

Perché alcuni maschi sentono così tanto l'esigenza di insultare?

Ti avverto che non ho la risposta. Spesso mi sembra di dimenarmi e di dibattermi in classe per nulla. Spiego, mi infervoro, ma appena esco dalla scuola, ho paura che qualche mio studente stia dando della "troia" a qualche compagna. E sappiamo tutti e tutte che succede.

In primo luogo, possiamo dire che un insulto è un cazzotto con le parole. Anche in questo caso è evidente che i ragazzi sono allevati per essere violenti pure verbalmente. In secondo luogo, i ragazzi ripropongono nella vita di tutti i giorni quello che assorbono. Se gli adulti che hanno come riferimento dicono che le donne sono cagne, perché loro dovrebbero dire altro? Se i cantanti che seguono al posto di dire "la mia ragazza" dicono "la mia troia", perché loro dovrebbero fare diversamente? Se in alcuni porno vedono donne schiaffeggiate e umiliate, perché dovrebbero pensare che un rapporto sessuale si basa sul rispetto? Se sono abituati a vedere donne-ornamento in tv, perché dovrebbero pensare alle ragazze come individui senzienti? Se vedono i calciatori di serie A strapagati e le calciatrici no, perché dovrebbero dare uguale dignità a un ragazzo e a una ragazza che praticano lo stesso sport? Se in casa la mamma fa tutto il lavoro domestico perché non dovrebbero considerare la figura della moglie simile a quella di una serva? Se sentono ancora dire "donna schiava, stira e lava", cosa avranno mai in testa? Se crescono in un mondo che non rispetta le donne, perché loro dovrebbero farlo?

Il problema della rappresentazione colpisce anche i ragazzi. Come sono gli uomini in tv? Belli, forti, coraggiosi. Sono pieni di donne, non fanno le faccende domestiche e non crescono i bambini. Ricordiamoci che i bambini crescono con ciò di cui li circondiamo. E quante volte ci è capitato tra amiche di prendere in giro un ragazzo perché non rappresentava il prototipo del maschio? Be', vediamo di finirla. Un ragazzo è abituato a vedere uomini violenti e pieni di donne; sarà forse sorprendente che crescerà cercando di essere violento? E quando si accorgerà che non può avere tutte le ragazze ai piedi, come reagirà? Con maturità o forse con la violenza? So di non doverti dare la risposta.

È tanto facile sgridare il ragazzino che offende le compagne e certamente va fatto, ma non dimentichiamoci che dietro c'è ben altro. In particolar modo c'è tutto un sistema che obbliga i maschi a essere sempre e comunque violenti e a considerare le femmine come inferiori. Nel mondo in cui viviamo è automatico essere sessisti mentre serve della consapevolezza e tanto sforzo per non esserlo. Credo che la scuola serva anche a questo perché non posso certamente pretendere che un ragazzino o una ragazzina riescano a individuare a combattere in modo autonomo il marcio in cui viviamo. In molti casi nei ragazzi c'è tanta insicurezza e paura verso il mondo delle ragazze che non capiscono. Chiedere spiegazioni, però, non è contemplato dallo stereotipo del maschio alfa. Tra il cercare un dialogo costruttivo con una ragazza o l'insulto violento, sguaiato e volgare, non devo di certo spiegare io quale sia l'opzione più virile.

Devo forse però sottolineare che, come nella favola della volpe e l'uva, succede spesso che tanti maschi ricoprano di insulti le ragazze che semplicemente non capiscono. Deve essere destabilizzante scoprire che le compagne di classe non sono compiacenti e svenevoli come in certi film, se le chiami "troia" si offendono, se tiri loro un calcio piangono, a volte possono essere più brave negli sport o intelligenti esattamente come un coetaneo maschio. Soprattutto però vorrei ribadire che dietro questa facciata di violenza e machismo si nasconde la sofferenza di tanti ragazzi che si sentono in obbligo di dimostrarsi indistruttibili quando vorrebbero semplicemente essere liberi.

I maschi sono violenti

Durante la pandemia di Covid-19, una delle difficoltà più grandi è stata quella di impedire ai miei ragazzi durante le lezioni in presenza di mettersi le mani addosso. "No, non potete spingervi sulle scale, no, non sono ammessi coppini, frontini, pizzicotti, calci, schiaffetti o altro. Dovete tenere le mani a posto". I miei maschietti hanno sempre la tendenza a mettersi le mani addosso e se li sgrido, cercano di spiegarmi pazientemente che i loro calci e pugni sono solo per scherzo, in amicizia.

I maschi sin da quando sono piccoli vengono cresciuti a pane e violenza. Basta pensare a tutte le spade, pistole, fucili, mitra, sciabole, katane, scimitarre, alabarde, Miracle Blade giocattolo che popolano ogni negozio di giocattoli che si rispetti. Gran parte degli eroi con cui crescono i bambini sono dei tizi prestanti che tirano cazzotti a destra e a manca. Detto ciò, è piuttosto implausibile aspettarsi che un bambino diventi un piccolo Gandhi. A tutto ciò si aggiungono anche gli insegnamenti della vita di tutti i giorni. Spesso ai maschi viene insegnato che devono farsi giustizia da sé. "Ti ha tirato un pugno? Be', avresti dovuto reagire! Come mai stai piangendo, sei una femmina?"

Succede così che la violenza si normalizza all'interno della vita dei bambini e dei ragazzi e diventa un linguaggio quotidiano, non un codice pericoloso. Prova di quanto detto è che spesso bambini e ragazzi si tirano pugni, schiaffi e calci "in amicizia" finché qualcuno non si fa male sul serio. Il problema è che bambini e ragazzi si accorgono che la violenza usata tra di loro è eccessiva solo di fronte a fiotti di sangue, denti rotti o braccia piegate in maniera innaturale. La violenza è insomma il linguaggio dei maschi, del resto l'aggressività e la violenza, s'è detto, sono caratteristiche dell'uomo standard. Il problema è che se ritengo la violenza un linguaggio comune, lo impiego tutti i giorni, senza accorgermi di danneggiare chi mi sta intorno.

Perché proprio i maschi sembrano avere questo collegamento stretto con la violenza? Lorenzo Gasparrini sostiene che una bambina diventa donna dal punto di vista fisico con il menarca, mentre un uomo non attraversa nessun rito di passaggio fisico[84]. Di conseguenza, i ragazzi si sentono in dovere di dimostrare in continuazione il loro essere uomini tramite l'ostentazione della violenza che è stereotipicamente il tratto caratterizzante della mascolinità. Se mi faccio vedere come forte e violento, sarò percepito come un "vero uomo". Seguendo questo ragionamento, la vita di un ragazzo è incredibilmente pesante perché ogni situazione diventa un modo per mettersi alla prova e per dimostrare al mondo esterno la propria mascolinità. Del resto è ben noto: se risolvo una questione a cazzotti sono un fico, mentre se ragiono, parlo e discuto senza mostrare i muscoli sono sfigato, frocio, femminuccia.

Facciamo ora un collegamento fastidioso. Se cresco un bambino immerso nella violenza, quale tipo di adulto potrò trovarmi di fronte? Uno che ritiene la violenza come la soluzione a ogni problema. Un bambino violento picchierà i coetanei che non vogliono giocare con lui. E un uomo violento? È forse sorprendente che tanti uomini lasciati dalle compagne pensino di poter risolvere la situazione con la forza bruta? L'abbiamo già detto, ma spero che ora sia più chiaro. Non si arriva al femminicidio per caso, ma accettando tante piccole violenze. Dietro una dinamica marcia come quella del femminicidio c'è

---

84 L. Gasparrini, *op. cit.*

un intero sistema di idee sbagliato. Forse è ora di liberare anche tutti i bambini e i ragazzi obbligati a crescere come dei machi quando forse si meriterebbero di essere liberi.

Sì, ma non tutti gli uomini!

Ti svelo il segreto di Pulcinella. Se parlerai di femminicidio con i tuoi amici, compagni o ragazzi in generale, è molto probabile che qualcuno di loro ti guarderà sbuffando e buttando gli occhi al cielo dicendo: "Sì, ma non tutti gli uomini sono così, dai!" È vero: non tutti gli uomini stuprano, uccidono e buttano acido addosso alle loro ex compagne e ne è prova il fatto che esistono ancora donne vive. Ma se non tutti gli uomini sono stupratori, è giusto che tanti non prendano posizione? È sensato che parlando di femminicidio alcuni uomini si sentano infastiditi e ingiustamente accusati? Direi di no! Non sarebbe più sensato che tutti e tutte prendessimo una posizione netta contro ogni forma di violenza di genere?

Facciamo un esempio. Senti al telegiornale la notizia di un poliziotto bianco che ha ingiustamente sparato a un civile afroamericano. Qual è la reazione più sensata? Indignarsi e sbuffare che non tutti i bianchi sono così o prendere una netta posizione antirazzista? Se non hai risposto la seconda opzione, c'è un problema. Allo stesso modo, nessuna e nessun femminista pensano che tutti gli uomini siano stupratori e assassini, ma che sarebbe utile che tutte le persone si alleassero e prendessero posizione contro violenze e discriminazioni di genere.

Il tasto dolente è che molti uomini dovrebbero mettere in discussione l'intero sistema di idee con cui sono cresciuti e più adulti si è, peggio è. Un bambino può facilmente ammettere di aver pensato qualcosa di sbagliato, un uomo invece lo fa con più difficoltà. Accettare di aver avuto un sistema di pensiero distorto obbliga infatti a rivedere le proprie certezze e i propri traguardi di vita, e questo può essere davvero difficile. Eppure serve che gli uomini capiscano di avere oggettivamente dei privilegi rispetto alle donne, ma al tempo stesso dovrebbero accorgersi e ammettere di essere intrappolati nella prigione del "fai l'uomo, sii forte, sii coraggioso".

Bisogna capire che c'è differenza tra colpa e responsabilità. Se una donna viene stuprata da un uomo, la colpa è solo ed esclusivamente di questo, non di mio nonno o di mio fratello che sono maschi. La responsabilità invece è qualcosa di più complicato. Noi siamo immersi tutti i giorni in un mondo sessista ed è responsabilità anche di tutti i ragazzi e di tutti gli uomini non farsi trascinare dalla corrente. Al posto di barricarsi dietro un "non tutti gli uomini", sarebbe utile che ciascuno ragionasse sul suo comportamento. Il sistema culturale che porta allo stupro è quello delle battutine sessiste, delle foto sui gruppi del calcetto, dal *catcalling* e di tutto il resto. Non tutti gli uomini stuprano, è vero, ma non tutti gli uomini contribuiscono a creare un mondo senza sessismo. Possiamo arrivare a questo traguardo se tutti e tutte ragioniamo sulle nostre azioni quotidiane e cancelliamo ciò che potrebbe essere dannoso.

Cosa possiamo fare?

La mascolinità tossica è un grande peso per troppi uomini. Le nette distinzioni di genere poco si addicono al mondo contemporaneo che è stato più volte definito come fluido. L'errore alla base della mascolinità tossica sta nel rendere immutabile una visione vecchia che non ha più nulla a che fare con la società poliedrica di oggi. La mascolinità tossica è insomma una tinta unita superata che si ostina a voler rappresentare un mondo multicolore.

Ragioniamoci: è impensabile che l'intera umanità possa riconoscersi in due sole opzioni. Ha molto più senso permettere a ciascuno di esprimersi come vuole, senza etichette aprioristiche e limitanti. Ogni persona deve sentirsi libera di essere debole, fragile, emotiva e gli uomini non fanno eccezione, non sono delle macchine infallibili, sono umani.

Noi cresciamo prendendo esempio dagli uomini e dalle donne che ci circondano. Ancora una volta il problema si lega alla rappresentazione. Pensaci bene: chi può avere come modello un ragazzo di quattordici anni? Escludiamo il padre perché, lo sai meglio di me, i genitori iniziano a diventare un po' sfigati durante l'adolescenza. Con quali rappresentazioni maschili cresce allora un ragazzo? Pensa alla tv, ai film, alle serie, all'attualità, alla vita di tutti i giorni. Se un bambino cresce vedendo uomini forti e machi, se gli viene insegnato che gli uomini veri sono delle rocce che non piangono mai, come diavolo vorrà essere da grande? Come è possibile crescere un uomo rispettoso se ogni giorno vede adulti fischiare alle donne per strada? Cosa impara un bambino vedendo i grandi che commentano la gloriosa diade tette-culo delle donne? Un mio studente mi ha raccontato di essere stato preso in giro per avere delle scarpe da calcio rosa: quanto liberi e sereni possono crescere dei ragazzi?

E stai bene attenta perché spesso anche noi donne giochiamo il gioco del patriarcato e della mascolinità tossica. Quante volte abbiamo preteso che un ragazzo con cui siamo uscite pagasse per noi? Quante volte ci siamo aspettate che un ragazzo sapesse aggiustaci il computer, il motorino, l'auto? Ci siamo mai aspettate che un uomo sapesse automaticamente cambiare una ruota bucata? Abbiamo mai guardato con sufficienza un ragazzo che fa un lavoro ritenuto femminile? Abbiamo mai pensato che un uomo fosse omosessuale per il modo di vestire, per il tono della voce o per altro? Be', se è stato così, ho una brutta notizia: in questi casi abbiamo aiutato il patriarcato. Però ho anche una proposta.

L'educazione e la cultura sono sempre le armi più potenti e lo ripeto quasi in ogni paragrafo non perché la demenza senile ha preso il sopravvento sul mio cervello, ma perché spero di convincerti. Serve un'autocoscienza maschile, bisogna capire e discutere di tutte le modalità in cui un individuo maschio può vivere serenamente.

Insegniamo ai bambini a essere come si sentono, non obblighiamoli a recitare un ruolo che non si sono scelti. Insegniamo loro che va bene avere delle emozioni, va bene piangere, è utile aiutare mamma e papà con le faccende di casa e invece non è carino risolvere ogni problema mulinando calci.

Abbiamo ancora tanta strada da fare in questa direzione, però abbiamo capito che le principesse si salvano da sole e la vita non è una gara a chi ce l'ha più lungo.

PARTE 7
COSA VOGLIAMO?

Arrivate a questo punto, dovremmo aver ben chiaro che viviamo in un momento particolare per noi donne. Tanti passi avanti sono stati fatti, ma è indispensabile non abbassare la guardia perché ogni diritto che è stato conquistato non è immutabile. Inoltre per ogni traguardo tagliato ce ne sono numerosi verso i quali dobbiamo correre con costanza e determinazione. Non abbiamo mai detto che sarebbe stato semplice, ma di certo ne vale la pena.

Ci sono quattro grandi stelle che orientano il nostro percorso lungo, forse tortuoso, ma di certo meraviglioso: l'intersezionalità, l'alleanza, la sorellanza e la gentilezza.

Intersezionalità

Sii seria per un attimo: pensi davvero che solo le donne siano vittime di discriminazioni? Se sei donna avrai di certo diverse difficoltà nella vita, ma se sei nera? Se sei disabile? Se sei omosessuale? Se sei transessuale? Se appartieni a una minoranza? Certo, starai pensando, ci sono tante persone discriminate, ma qui stiamo parlando di femminismo e di donne, abbiamo già il nostro bel da fare! Il punto è proprio questo. Il femminismo intersezionale sostiene che tutte le discriminazioni siano connesse tra di loro e non avrebbe senso pensare di liberare solo una categoria.

Essere femministe oggi vuol dire lottare per liberare chiunque da ogni tipo di discriminazione. In poche parole: vogliamo vivere in un mondo di persone libere e poco importa se sei uomo, donna, nessuno dei due, se hai la pelle viola, nera, rosa, turchese, se ti piacciono i maschi, le femmine, gli alieni verdi con la testa allungata.

Il nostro primo punto di riferimento è quindi l'intersezionalità. Dobbiamo ricordarci che tutte le discriminazioni sono tanto ingiuste quanto illogiche, ma collegate tra di loro. Se riusciamo a scardinarne una, a poco a poco, riusciremo a sradicare quell'ammasso di stereotipi, pregiudizi, cattiveria da cui traggono linfa vitale tutte le discriminazioni. Ricordi? Ogni persona ha il diritto al rispetto e alla libertà. Sta a noi iniziare!

Essere alleati

Be', qui non stiamo facendo una gara a chi sta messa peggio, ma stiamo semplicemente notando che nel mondo esistono un sacco di discriminazioni differenti. Noi cosa intendiamo fare?

Per farti capire bene, farò un esempio su di me. Io sono bianca e vivo in Italia; questo vuol dire che non sarò mai discriminata per il colore della mia pelle come invece può succedere a una donna di origine africana. Non so e non posso capire appieno cosa significhi essere appellata con la *n-word*, non so quantificare quanto schifo faccia sentirsi sputare in faccia un "torna al tuo Paese". Tuttavia, questo non mi autorizza a mettere la testa sotto la sabbia. Ho il privilegio di essere bianca in un Paese ancora razzista e forse avrebbe senso sfruttare questo vantaggio. Per esempio, posso impegnarmi a sradicare le convinzioni sbagliate con cui entro a contatto.

A questo punto, se le persone iniziano a capire che le discriminazioni per il colore della pelle non hanno senso, perché non dovrebbero comprendere che anche quelle per il genere, l'orientamento sessuale, l'aspetto o altro sono insensate? Abbiamo visto che tutto è collegato e se riesco a togliere anche solo un mattone dal grande muro delle discriminazioni, tutto crolla. Questo significa essere alleati, ossia scegliere di schierarsi anche dalla parte di chi subisce discriminazioni che invece noi non proviamo. Essere femministe significa lottare contro ogni discriminazione e se vogliamo davvero un mondo più libero, c'è un sacco di lavoro e servono tanti alleati e alleate.

Sorellanza

Siamo abituate a vedere le altre donne come nostre rivali, avversarie. Pensa a tutte le scene di film in cui due ragazze si tirano i capelli per contendersi un aitante giovanotto. Spesso ci troviamo a esultare perché abbiamo incontrato una nostra odiosa nemica delle elementari che è ingrassata tantissimo. Io una volta ho intravisto una mia compagna delle medie al supermercato e mi sono nascosta perché era molto più bella e ben vestita di me e non volevo fare brutta figura. Quando incrociamo una ragazza per strada spesso la squadriamo da capo a piedi e pensiamo: "Ma quella chi si crede di essere? Ma cosa si è messa? Non si vergogna? A me starebbe molto meglio! Mamma mia come se la tira! Si meriterebbe di inciampare con quei trampoli che ha ai piedi!"

Be', se è vero che l'unione fa la forza, qui è evidente la grande debolezza del genere femminile. Le donne sono spesso educate per essere in competizione tra di loro, mentre dovrebbero essere una squadra che persegue lo stesso obiettivo. Detto in parole povere: smettiamola di criticare le altre ragazze e sosteniamoci. Le donne del mondo dovrebbero rispettarsi perché solo in questo modo si possono fare dei passi avanti. Se invece trascorriamo il tempo a gareggiare tra di noi, come possiamo accorgerci di quello che ci capita intorno? Se impieghiamo interi pomeriggi a invidiare delle ragazze su Instagram, come possiamo realizzare di essere tutte schiave di un'immagine sbagliata del corpo femminile? Se non ci alleiamo, come possiamo porre fine alle ingiustizie di cui siamo vittime? Se non siamo unite, non combiniamo nulla.

La sorellanza è un'alleanza tra donne preziosa e costruttiva. Noi donne possiamo emanciparci e godere davvero degli stessi diritti degli uomini solo se smettiamo di farci guerra tra di noi. Dobbiamo essere un gruppo sociale forte, coeso che ha ben chiari i propri obiettivi. Dobbiamo volerci bene, capirci, ascoltarci e aiutare chi ha bisogno. Se vogliamo vivere in un mondo più giusto e più libero, dobbiamo essere noi le prime a trattarci con più giustizia e libertà.

Sorellanza non significa semplicemente amicizia. Sorellanza vuol dire costruire una squadra di donne che non competono tra di loro, ma che si uniscono per un mondo migliore. Stai bene attenta: qui non raccontiamo favolette e se stai pensando a una mega *suicide squad* che prende il patriarcato a calci sui denti, be', è un'immagine piacevole, ma non molto realistica. La sorellanza è un tassello fondamentale, ma richiede il suo tempo. Prima di tutto la sorellanza è consapevolezza. Abbiamo detto infatti che spesso non ci accorgiamo del marcio che ci circonda e l'unione tra tutte le donne ha in primo luogo l'obiettivo di disvelare una serie di ingiustizie. Dopo aver portato avanti questo lavoro personale, allora la sorellanza potrà puntare alla trasformazione sociale per piccoli passi, iniziando a creare un rapporto umano e positivo tra le donne.

La gentilezza è rivoluzionaria

Un professore di nome Edward Hess ha fatto delle ricerche sui leader delle migliori aziende per capirne le ragioni del successo. Ora ti sorprendo: i capi migliori erano quelli gentili, rispettosi e dediti all'ascolto. Lascia stare l'immagine del capo del *Diavolo veste Prada*, abbandona il mito del signor Burns: non è nella cattiveria, arroganza, forza, disumanità che troverai il successo.

Se dovessi dire una sola frase ai miei studenti e alle mie studentesse sarebbe: sii gentile. Sono assolutamente convinta che la gentilezza sia rivoluzionaria, che possa cambiare il mondo e renderlo un posto migliore. Essere gentili è una scelta che si fa giorno per giorno. In una certa misura, è anche una salda presa di posizione. Viviamo in un mondo intessuto di arroganza, violenza, arrivismo ed essere gentili significa voler prendere le distanze da questa prospettiva e schierarsi per creare un mondo umano, cordiale e accogliente.

So che questo potrebbe sembrare il discorso di una principessa Disney ben poco in contatto con la vita reale, ma non è così. Essere gentili, abbiamo detto, è una scelta che si fa di giorno in giorno proprio perché è disgustoso vedere un mondo che marcisce tra l'odio e la violenza. Purtroppo però la realtà non cambia da sola e se noi non facciamo nulla, non ha nemmeno senso lamentarsi.

Essere gentili non significa essere degli zuccherini che non si arrabbiano mai; abbiamo già visto come sia più che lecito arrabbiarsi se subiamo un'ingiustizia. Essere gentili vuol dire ricordarsi di essere umani in un mondo che ci vuole automi, manichini, bambole, sforna-bambini, macchine da soldi. Essere gentili non significa porgere l'altra guancia a chi ci tratta male, ma diffondere dolcezza e armonia in un mondo grigio e caotico. Essere gentili significa porgere una mano e un sorriso in un mondo che ci vuole agguerriti avversari.

CONCLUSIONE

E adesso?

A questo punto so di aver blaterato tanto, ma soprattutto so che è forte il desiderio di dire: "E io cosa posso faci? Dove dovrei mettere le mani?" Nessuno si aspetta che tu prenda a calci il patriarcato nel giro di pochi giorni. Vorrei solo chiederti di non farti scoraggiare, di tenere gli occhi sempre aperti, di non sentirti mai sbagliata perché sei donna, di prendere una posizione.

Spesso sbaglio anche ora che sono adulta. A volte ho paura, a volte sono codarda e anche se cerco sempre di fare del mio meglio, spesso fallisco. Questa ammissione di colpa mi fa sorridere perché ho la buffa convinzione che le ragazze e i ragazzi di oggi saranno migliori di noi persone adulte. Questo significa che per il mondo forse c'è ancora speranza.

Studia, informati, cerca di capire, parla, racconta, fai conoscere a più persone possibili quello che sai. La cultura è fantastica. Alleati, cerca delle amiche e degli amici perché combattere da sola è sfiancante e inutile. Ricordati che ogni essere umano ha il diritto di essere libero e segnati da qualche parte che l'educazione e la cultura possono fare la differenza. Se agirai in questa direzione, sarai di certo una persona che renderà il mondo un posto migliore.

Coraggio, sorella.

BIBLIOGRAFIA

E. Abbatecola, L. Stagi, *Pink is the new black. Stereotipi di genere nella scuola dell'infanzia*, Rosenberg & Sellier, 2017.

Perché il sesso senza consenso è stupro, Amnesty International, 2019.

"Hate speech contro le donne: al via il nuovo monitoraggio", Amnesty International, 2019.

S. Baron-Cohen, *Questione di cervello. La differenza essenziale tra uomini e donne*, Mondadori, 2004.

S. Barr, S. Javed, "What is toxic masculinity and how can it be addressed?", Independent, 2021.

S. Bencivelli, "Il tabù delle mestruazioni: quello che le donne ora dicono", la Repubblica, 2017.

D. Benoit-Browaeys, C. Vidal, *Il sesso del cervello. Vincoli biologici e culturali nelle differenze tra uomo e donna*, Dedalo, 2006.

Bikini kill, *Rebel girl*, 1993.

G. Blasi, *Rivoluzione Z*, Rizzoli, 2020.

L. Bodrero, "Se la differenza fra uomo e donna è una vacanza a quattro stelle", Corriere della Sera, 2017.

L. Brizendine, Il Cervello delle Donne, Rizzoli, 2011.

T. Butler et al. *Fear-related activity in subgenual anterior cingulate differs between men and women*, "Neuroreport", 16(11), 2005: pp.1233-6.

F. Camilli, "I disturbi del comportamento alimentare: i dati in Italia", OggiScienza, 2019.

M. Costa, L. Corazza, *Psicologia della bellezza*, Giunti, 2006.

S.M. Coyne et al. *Pretty as a Princess: Longitudinal Effects of Engagement With Disney Princesses on Gender Stereotypes, Body Esteem, and Prosocial Behavior in Children*, "Child Development", 87(6), 2016: pp. 1909-1925.

C. Criado Perez, *Invisibili. Come il nostro mondo ignora le donne in ogni campo. Dati alla mano.* Einaudi, 2020.

G. Cuter, G. Perona, *Le ragazze stanno bene*, HarperCollins, 2020.

C. Da Rold, "Donne, la lotta per l'emancipazione si misura anche con gli assorbenti", Infodata, 2019.

G. Dente, "Una scienziata 15enne in copertina sul Time: Gitanjali Rao è la bambina dell'anno", Fanpage, 2020.

A. De Gregorio, "In Africa, in "quei giorni", niente scuola per una ragazza su 10", La ventisettesima ora, 2015.

A. Devine et al. *Gender differences in mathematics anxiety and the relation to mathematics performance while controlling for test anxiety*, "Behavioral and Brain Functions", 8(33), 2012.

Differenze di genere nei risultati educativi: Studio sulle misure adottate e sulla situazione attuale in Europa, Eurydice, 2009.

A.E. Farrell, *Fat shame. Lo stigma del corpo grasso*, Tlon, 2020.
C. Fine, *Maschi = femmine. Contro i pregiudizi sulla differenza tra i sessi*, Ponte alle Grazie, 2011.
F. Fiore, "Il cervello di uomini e donne: quali le differenze?", State of Mind, 2014.
J.E. Foss, *Is There a Natural Sexual Inequality of Intellect? A Reply to Kimura*, "Hypatia", 11(3), 1996: pp. 24-46; L.J. Rogers, *Sexing the Brain: The Science and Pseudoscience of Sex Differences*, "The Kaohsiung Journal of Medical Sciences", 26(6), 2010: pp. 4-9.

S. Garambois, "Hate speech in aumento e le donne sono sempre in pole position", Giulia giornaliste, 2019.
L. Gasparrini, *Diventare uomini. Relazioni maschili senza oppressioni*, Settenove, 2020.
B. Gasperini, "Sensibilità e stereotipi di genere: le donne sono più emotive?", Psicologia24, 2016.
A. Gianotti, "Salari, in media gli uomini guadagnano 1,8 euro all'ora in più rispetto alle donne", Infodata, 2017.
D. Goleman, *Intelligenza emotiva*, Rizzoli, 2011.
S.J. Gould, *Intelligenza e pregiudizio. Contro i fondamenti scientifici del razzismo*, Il Saggiatore, 2016.

Livelli di istruzione e ritorni occupazionali, Istat, 2020.

J.M. Kane, J. Mertz, *Debunking Myths about Gender and Mathematics Performance*, "Notices of the American Mathematical Society", 59(1), 2012: pp. 10-21.

C. Lombroso, G. Ferrero, *La donna delinquente, la prostituta e la donna normale*, Et.al, 2009.

G. Maira, "La scienza spiega il cervello delle donne: ecco perché Eva è empatica e «multitasking»", Sanità24, 2014.
I. Marañón, *Educare al femminismo. Come formare persone libere, sicure di sé e rispettose degli altri a prescindere dal sesso*, Salani, 2018.
G. Mele, *Magia popolare: le legature con il sangue mestruale*, Academia.edu.
I.V.S. Mullis, M.O. Martin, T. Loveless, *20 YEARS OF TIMSS. International Trends in Mathematics and Science Achievement, Curriculum, and Instruction*, Boston College, Chestnut Hill, 2016.
N. Muscialini, *Di pari passo. Percorso educativo contro la violenza di genere*, Settenove, 2013.

C. Ngozi Adichie, *Dovremmo essere tutti femministi*, Einaudi, 2015.

F. Pace, "Psicologia della bellezza: quanto conta esser belli nella nostra vita", State of Mind, 2015.
T. Pironi, *Coeducazione e classi miste: un interessante terreno d'indagine per la storia della scuola in Italia*, Centro Italiano per la Ricerca

storico-educativa.

A. Ramund, "In Italia 85-90mila donne con mutilazioni genitali femminili, di cui 5-7mila minori", Agenzia DIRE, 2020.
K.C. Reeti, "In Nepal, Menstruation Can Mean Days in Isolation", Thomson Reuters Foundation News, 2015.
G. Rippon, *The Gendered Brain. The new neuroscience that shatters the myth of the female brain*, Bodley Head, 2019.

Nati Uguali, Save The Children, 2012.

E. Thiébaut, *Questo è il mio sangue*, Einaudi, 2018.
"In Kenya il governo distribuirà assorbenti gratis", Terre des Hommes, 2017.
Sintesi dei risultati degli studenti italiani in matematica e scienze, TIMSS, 2019.
I risultati degli studenti italiani in matematica e scienze, TIMSS, 2019.

"Mutilazioni genitali, 200 milioni di donne ferite per sempre", Unicef, 2016.
"L'istruzione femminile", Unicef.
IV Rapporto sull'imprenditorialità femminile, Unioncamere, 2020.

D.S. Wilson, *L'altruismo. La cultura, la genetica e il benessere degli altri*, Bollati Boringhieri, 2015.

BIOGRAFIA DELL'AUTRICE

Giulia Mauri ha studiato Lettere e prova a insegnare. Le piacciono i fumetti, i cani, la montagna, la pizza. Parla poco, mangia tanti broccoli e a volte brucia le torte. Da piccola voleva avere dieci labrador, fare la maestra e sposare Leonardo di Caprio (un po' troppo cliché, ma Titanic non perdona). Oggi invece vorrebbe trovare un modo per poter realmente educare i ragazzi e le ragazze allo stesso modo. Non sa se ci riuscirà mai, Ma è una roba da femmina? è un tentativo.

WOMEN PLOT

Quanti volumi nella nostra biblioteca sono opera di donne? Probabilmente pochi, infatti quando vogliamo acquistare un libro ci si rende subito conto di un certo gap di genere, gap confermato dai dati nazionali.

Un'analisi del settore editoriale mostra inoltre forti asimmetrie sia nella distribuzione dei ruoli che nell'assegnazione dei premi agli scrittori, nonostante le donne ottengano risultati migliori nell'istruzione e nella formazione e frequentino librerie e biblioteche con maggiore assiduità degli uomini.

Women Plot è un *publisher* internazionale e una *media company* che ambisce a ridurre le disuguaglianze di genere nell'editoria e nell'industria dei media condividendo storie di donne vere.

Come autrice, Erica, la *founder*, ha capito quanto sia ineguale il sistema: ogni donna che desidera avere successo nel mondo della scrittura è consapevole che ci siano ostacoli unici per raggiungere questo successo. È chiaro che esiste un pregiudizio di genere nelle case editrici e nel mondo dei libri. Perché non provare qualcosa di radicale?

Women Plot vuole condividere storie di donne autentiche e stimolanti mentre coinvolge la comunità con eventi, club del libro virtuali e molto altro ancora.

La nostra visione è quella di diventare il punto di riferimento per acquistare libri che supportano il lavoro delle donne e riducono consapevolmente la disuguaglianza di genere.

Sapendo tutto questo, possiamo cercare di lavorare responsabilmente per la diminuzione del divario di genere e per sostenere attivamente un cambiamento culturale verso la definitiva parità di genere.

INDICE

WOMEN PLOT
WOMEN STORIES THAT INSPIRE

www.ingramcontent.com/pod-product-compliance
Lightning Source LLC
LaVergne TN
LVHW091302150826
845673LV00006B/1505

9791280593290